COLEÇÃO
TEOLOGIA PARA TODOS

Gutierres Siqueira

Como entender o dom da profecia hoje?

Princípios e sabedoria para a igreja atual

Copyright © Gutierres Siqueira, 2024. Todos os direitos reservados.

Todos os direitos desta publicação são reservados à Vida Melhor Editora Ltda. Nenhuma parte desta obra pode ser apropriada e estocada em sistema de banco de dados ou processo similar, em qualquer forma ou meio, seja eletrônico, de fotocópia, gravação etc., sem a permissão dos detentores do copyright.

As citações bíblicas são da *Nova Versão Internacional* (NVI), da Biblia Inc., salvo indicação contrária.

COPIDESQUE	Daila Fanny Eugenio
REVISÃO	Jean Xavier e Camila Reis
ILUSTRAÇÃO	Guilherme Match
DESIGN DE CAPA E PROJETO GRÁFICO	Gabriela Almeida
DIAGRAMAÇÃO	Joede Bezerra

Dados Internacionais de Catalogação na Publicação (CIP)
(BENITEZ Catalogação Ass. Editorial, MS, Brasil)

S63c
1.ed. Siqueira, Gutierres
  Como entender o dom da profecia hoje?/ Gutierres Siqueira. – 1.ed.
– Rio de Janeiro: Thomas Nelson Brasil, 2024.

96 p.; 12 x 18 cm.

ISBN 978-65-5217-035-4

1. Dons espirituais – Cristianismo. 2. Espírito Santo –
Cristianismo – Meditação. 3. Profecias (Cristianismo). 4. Teologia
cristã. I. Título.

08-2024/109   CDD 234.13

Índice para catálogo sistemático:
1. Espírito Santo: Profecias: Cristianismo   234.13

Aline Graziele Benitez – Bibliotecária - CRB-1/3129

Os pontos de vista desta obra são de responsabilidade de seus autores e colaboradores diretos, não refletindo necessariamente a posição da Thomas Nelson Brasil, da HarperCollins Christian Publishing ou de suas equipes editoriais.

Thomas Nelson Brasil é uma marca licenciada à Vida Melhor Editora LTDA. Todos os direitos reservados à Vida Melhor Editora LTDA.

Rua da Quitanda, 86, sala 601A - Centro,
Rio de Janeiro/RJ - CEP 20091-005
Tel.: (21) 3175-1030
www.thomasnelson.com.br

Sumário

07   Prefácio à coleção *Teologia para todos*

09   Introdução: Um convite à reflexão

PARTE 1: O QUE A BÍBLIA DIZ SOBRE A PROFECIA?

13   1. O que é a profecia?

24   2. Quem é o profeta?

38   3. Jesus como profeta

43   4. Profecia no contexto da teologia carismática de Paulo

PARTE 2: A PROFECIA HOJE

63   5. A necessidade da profecia hoje: uma resposta ao cessacionismo

72   6. Profecia e suficiência das Escrituras

79   7. Discernindo as profecias

89   Conclusão: O profetismo universal de todos os crentes

Prefácio à coleção
Teologia para todos

Geralmente, quando nos interessamos por algo, alguém, alguma coisa, algum tema, fazemos perguntas sobre isso. Perguntar é um ato de gente interessada — pode ser de gente metida também, eu sei (risos), mas, aqui, estou pensando nessa atitude de maneira positiva. Os discípulos fizeram perguntas para Jesus, que muitas vezes respondeu com outras perguntas. Entre perguntas e respostas, o reino de Deus foi ensinado e aprendido.

Em diálogos honestos e relações saudáveis, perguntas sempre são bem-vindas. Jesus não teve problemas em ser questionado. Paulo escreveu duas cartas respondendo às dúvidas que recebeu da comunidade de Corinto. Aliás, podemos pressupor que, por trás dos escritos do Novo Testamento, estão questionamentos da igreja nascente.

Foi justamente por acreditar que perguntas honestas merecem respostas bíblicas que criamos a coleção *Teologia para todos*. O objetivo é fomentar, por meio de perguntas e respostas, a reflexão sobre temas importantes da fé cristã. Nossa fé foi construída em meio a um povo que experimentou a presença e a revelação divinas. O Antigo e o Novo Testamento são frutos dessa relação e da reflexão sobre quem é Deus e o que ele espera de sua criação.

Sim, Deus espera que seu povo conheça as Escrituras e saiba relacionar a revelação com a rotina! Por isso, os temas dessa coleção estarão sempre permeados pela teologia prática. A ideia central de cada livro é responder a uma pergunta ou inquietação da igreja brasileira, ao mesmo tempo que ensina princípios básicos da doutrina cristã.

Pelo tamanho do livro que você tem em mãos, fica evidente a intenção de que ele seja apenas uma introdução ao assunto da capa. Contudo, os autores e as autoras se esforçaram ao máximo para entregar, de forma sintética e clara, aquilo que é fundamental saber sobre a pergunta que gerou o livro. Para aprender mais, consulte as referências bibliográficas citadas nas notas de rodapé ao longo de cada obra. Ao estudar as fontes que os autores usaram, você pode ir mais longe.

Esperamos profundamente que este livro e todos os demais da coleção *Teologia para todos* inspirem você a viver a fé evangélica de maneira mais sóbria, a fim de que, "se alguém lhes perguntar a respeito de sua esperança, estejam sempre preparados para explicá-la" (1Pedro 3:15).

Rodrigo Bibo
Autor do best-seller *O Deus que destrói sonhos*,
criador do Bibotalk e da EBT — Escola Bibotalk de Teologia.
Casado com a Alexandra e pai da Milena e do Kalel.

Introdução
Um convite à reflexão

Pois em parte conhecemos e em parte profetizamos.
(1Coríntios 13:9)

Todos os dias ouvimos profecias. Ambientalistas vislumbram dias difíceis se não cuidarmos da natureza. Especialistas em geopolítica se preocupam com as tensões entre grandes potências, enquanto especialistas em tecnologia apontam para possíveis riscos no uso da inteligência artificial. Nos púlpitos, as profecias a respeito do fim estão em alta. No cinema, desconfiamos das profecias das Bene Gesserit em *Duna*. Todos são alertas importantes. Mas, diante do caos, precisamos nos lembrar de nosso papel profético: o mundo não está fora de controle. Como cantava Mahalia Jackson: "Deus tem o mundo inteiro em suas mãos".

Este livro é um guia introdutório sobre a natureza e a prática da profecia, um dos dons espirituais mais fascinantes e controversos do cristianismo. Aqui, aprenderemos que a atuação profética é mais ampla do que se imagina. Esta obra explora as raízes históricas da profecia, desde suas manifestações no Antigo Testamento, passando por sua expressão na igreja primitiva até o pentecostalismo moderno. A abordagem é tanto teológica como vivencial, buscando equilibrar o rigor acadêmico com a paixão pela experiência do Espírito Santo.

Este livro é um convite à reflexão e ao aprofundamento no mundo da profecia. Não pretendo exaurir o assunto, até porque, como nos lembra o apóstolo Paulo na frase da epígrafe, nosso conhecimento e nossa profecia serão sempre limitados, pois somos seres finitos servindo a um Deus infinito. Servimos a um Senhor que está assentado sobre um alto e sublime trono, como disse o profeta Isaías. Mas, embora seja transcendente, nosso Deus fala, se revela, se comunica e se relaciona. Por isso, a profecia é importante.

Agradeço, em primeiro lugar, a Deus Pai, ao Senhor e Salvador Jesus Cristo e ao Espírito Santo, o Espírito de profecia. Oro para que esta obra seja edificante a você, leitor. Agradeço também à minha esposa, Eduarda Monithelle Siqueira, pelo amor e carinho que sempre a acompanham. Agradeço a Rodrigo Bibo pelo convite e aos editores da Thomas Nelson Brasil, Lais Chagas, André Lodos Tangerino e Samuel Coto.

PARTE 1:

O QUE A BÍBLIA DIZ
SOBRE A PROFECIA?

● CAPÍTULO 1

O que é a profecia?

Profecia é falar *em nome de* Deus e *por* Deus. "Pronto, já posso fechar o livro?", pergunta o leitor apressado. Calma, a definição parece simples, mas tem muitas nuances.

A profecia é um dos dons espirituais — ou seja, *carismas* — concedidos pelo Espírito Santo para a edificação da igreja (1Coríntios 12:7-11). O dom de profecia, em particular, permite ao indivíduo capacitado com esse carisma receber e comunicar revelações diretas de Deus (cf. Amós 3:7; 1Coríntios 14:30). Essa atividade tem o propósito tríplice de edificar, exortar e consolar a comunidade, isto é, a igreja, como veremos mais adiante. O dom de profecia manifesta-se como uma expressão carismática da vontade divina (Números 11:29; Atos 2:17-18), distinta da profecia canônica do Antigo Testamento porque não carrega a mesma autoridade, mas mantém continuidade teológica com ela (1Pedro 1:10-12). É uma manifestação direta do Espírito de Deus (2Pedro 1:21; Ezequiel 11:5), não originada da vontade nem do intelecto humano. Como lembra o teólogo James Dunn, a profecia se trata de "palavras transmitidas como vindas 'de fora' (pelo Espírito) e não formuladas conscientemente pela mente".[1] Ela tem, portanto, um caráter supranatural ou sobrenatural.[2]

---

[1] DUNN, James D. G. *Comentário à carta de Paulo aos Romanos: 9-16*. São Paulo: Academia Cristã; Paulus, 2022. p. 1055.

[2] Influenciado por C. S. Lewis, prefiro o termo "supranatural" a "sobrenatural", porque o supranatural envolve uma realidade superior e ordenada que transcende o mundo natural, enquanto o sobrenatural, muitas vezes, sugere eventos inexplicáveis e desordenados. No contexto bíblico, o supranatural refere-se à ação de Deus que, embora vá além das leis naturais, opera de maneira *harmoniosa* e *intencional*. Por exemplo, quando Jesus cura um

No Antigo Testamento, o termo hebraico *rûaḥ*, frequentemente traduzido como "espírito", está intimamente associado à atividade profética. Em Números 11:25-29, vemos a *rûaḥ* de Deus sendo posta sobre os setenta anciãos, que profetizaram, uma manifestação direta da presença divina. O conceito é reforçado em passagens como Ezequiel 11:5, na qual o profeta declara: "Então o Espírito do Senhor veio sobre mim". A construção gramatical enfatiza a natureza supranatural da experiência profética, iniciada por Deus.

O Novo Testamento mantém e desenvolve esta compreensão. Em 2Pedro 1:21, a frase "impelidos pelo Espírito Santo" ecoa a concepção veterotestamentária, mas especificando o Espírito Santo como a fonte da profecia. Sendo uma manifestação do Espírito, a profecia não depende da vontade humana, o que a distingue de habilidades naturais ou adquiridas.

PROFECIA É PREVER O FUTURO?

A visão popular de profecia frequentemente se restringe à previsão de eventos futuros, mas essa é apenas uma parte do que a profecia bíblica abrange. Nos tempos bíblicos, os profetas não eram só videntes do futuro, mas também porta-vozes de Deus, trazendo mensagens que, muitas vezes, envolviam arrependimento, juízo, justiça e o anúncio da vontade de Deus para seu povo. O impacto da profecia era tanto espiritual como comunitário.

> **Nos tempos bíblicos, os profetas não eram só videntes do futuro, mas também porta-vozes de Deus.**

---

doente, esse milagre não é um rompimento caótico das leis naturais, mas uma manifestação da ordem divina que está acima da nossa compreensão. A ordem é a harmonia do corpo; não a doença causada por um vírus ou pela insuficiência de um órgão. O supranatural, portanto, não contradiz a criação, mas a eleva, mostrando que Deus age dentro de uma realidade superior, que é coerente e ordenada. Assim, a intervenção divina por meio de milagres reflete a sabedoria e o propósito de Deus, revelando uma realidade que transcende nosso mundo natural, mas que mantém a harmonia e a ordem estabelecidas por Deus. Veja: LEWIS, C. S. *Milagres*. Rio de Janeiro: Thomas Nelson Brasil, 2021.

O QUE É A PROFECIA?

Muitos profetas da Bíblia Hebraica (Antigo Testamento) desempenharam papéis variados e não se limitaram a prever o futuro. Por exemplo, Débora foi profetisa e juíza de Israel. Ela desempenhou um papel significativo, guiando Israel em tempos de guerra e administrando justiça (Juízes 4—5). Samuel foi profeta durante a transição do período dos juízes para a monarquia. Embora tenha feito algumas previsões, seu papel principal incluiu ungir Saul e Davi como reis, aconselhar líderes e liderar Israel espiritualmente (1Samuel 1—25). Natã foi profeta durante o reinado do rei Davi. Em vez de fazer previsões sobre o futuro, Natã frequentemente aconselhava Davi e o repreendia por seus erros. O episódio mais famoso é quando ele confronta Davi sobre o pecado com Bate-Seba e o assassinato de Urias (2Samuel 12). Gade também foi um profeta do tempo do rei Davi. Ele aconselhou o rei em várias ocasiões, inclusive na escolha da punição divina, após Davi realizar um censo de Israel (2Samuel 24). Hulda foi uma profetisa no tempo do rei Josias. Ela foi consultada sobre o livro da lei encontrado no templo, confirmando que era a palavra de Deus. Com isso, ajudou a iniciar uma reforma religiosa (2Reis 22:14-20).

PROFECIA É PREGAÇÃO?

Em nenhum lugar da Bíblia a profecia é sinônimo de sermão. As Escrituras delineiam claramente as funções e características de cada um, descrevendo a pregação como uma exposição sistemática e pública da Palavra de Deus, e a profecia como uma revelação de Deus para um propósito específico. A pregação, conforme observado nas atividades de pessoas como Esdras, no Antigo Testamento, e Paulo, no Novo, envolve um estudo aprofundado das Escrituras e a apresentação compreensível e aplicável de seus ensinamentos à vida dos ouvintes. Esdras, por exemplo, leu e explicou a lei ao povo, ajudando-o a entender e aplicar os mandamentos de Deus no cotidiano (Neemias 8:1-8). Paulo, em suas cartas e viagens missionárias, constantemente expunha as Escrituras, ensinando e corrigindo as igrejas (Atos 20:7-12; 2Timóteo 4:2).

COMO ENTENDER O DOM DA PROFECIA HOJE?

O teólogo Anthony D. Palma observa:

> É digno de nota que, no extenso tratado de Paulo sobre a manifestação do dom de profecia em 1Coríntios 14, ele não usa a palavra *kerusso* ("proclamar ou anunciar") nem os compostos comuns do verbo *angello* ("dar uma mensagem"). Um desses compostos seria *euangelizomai* ("pregar as boas-novas"). A pregação, por um lado, é o *kêrugma*: o anúncio da boa-nova do que Deus fez e estava preparado para fazer em favor daqueles que ouvissem e cressem.[3]

O teólogo Oscar Cullmann, por sua vez, observa que, na teologia paulina:

> [...] além do ensino (sermão), Paulo menciona, em 1Coríntios 14:26, salmos, revelação, falar em línguas e interpretação de línguas. Por revelação se entende, como vemos nos versículos 29 e 32, a profecia dos profetas. Isso difere do ensino e da pregação [...]. Há espaço ao lado da pregação para uma proclamação perfeitamente livre no Espírito, a qual Paulo, é claro, exorta a comunidade a examinar criticamente.[4]

Pregação e profecia, embora tenham pontos de interseção, não são a mesma coisa. O teólogo Anthony D. Palma, já citado, pontua:

Pregação e profecia, embora tenham pontos de interseção, não são a mesma coisa.

"O dom de profecia não pretendia substituir a pregação nem ser considerado mera pregação".[5] A profecia e a pregação são formas distintas de comunicação divina, cada uma com seu papel essencial na vida da igreja.

A pregação, como um ministério da Palavra, instrui e fortalece a fé dos crentes por meio do estudo e da exposição das Escrituras. O pregador transmite a mensagem

---

[3] PALMA, Anthony D. *The Holy Spirit:* A Pentecostal Perspective. Springfield: Gospel Publishing House, 2001. p. 210.

[4] CULLMANN, Oscar. *Early Christian Worship.* Londres: SCM, 1953. p. 20.

[5] PALMA, *The Holy Spirit*, p. 211.

bíblica de maneira organizada e contínua, alimentando espiritualmente a congregação. A pregação explora e explica as Escrituras, ensinando princípios e doutrinas que formam a base da fé cristã.

Por outro lado, a profecia é uma revelação espontânea e específica, feita a um indivíduo que deve transmiti-la dentro de uma situação ou de um momento particular. Ela pode ocorrer tanto durante o culto como fora dele, e não está necessariamente ligada a um texto bíblico. A profecia traz uma aplicação direta da Palavra de Deus para situações atuais, oferecendo direção, encorajamento ou advertência.

Ambas as formas são importantes para a edificação da igreja. A pregação fornece a base doutrinária sólida, enquanto a profecia guia e encoraja em situações particulares. A pregação

> **A pregação é organizada e contínua, enquanto a profecia é pontual e espontânea.**

é organizada e contínua, enquanto a profecia é pontual e espontânea. Embora distintas, pregação e profecia podem e devem coexistir de maneira complementar na vida da igreja. Uma pregação pode preparar o terreno para uma profecia, e uma profecia pode confirmar e enriquecer uma pregação. As duas têm o potencial de fortalecer a fé, trazer revelação e promover a unidade dentro da comunidade cristã.

É importante ressaltar que tanto a pregação como a profecia enfrentam desafios e riscos de abuso. A liderança da igreja tem a responsabilidade de treinar, supervisionar e corrigir pegadores e profetas, sujeitando a revelação profética ao discernimento e à avaliação da comunidade (1Tessalonicenses 5:20-21). Também deve garantir que tais dons sejam exercidos de maneira saudável e bíblica, em harmonia com as Escrituras (Isaías 8.20; 2Timóteo 3:16-17; 2Pedro 1:19-21) e apontando sempre para Cristo (1Coríntios 12:1-3; Apocalipse 19:10).

Apesar das diferenças, a essência da pregação pentecostal e carismática é a pregação profética. Como observa o professor Lee Roy Martin, o "sermão híbrido pode conter elementos de profecia, ensino, aconselhamento e inspiração; e pode alternar de um para o outro".[6] A natureza híbrida e profética da pregação pentecostal e carismática é reflexo de uma compreensão dinâmica do papel do Espírito Santo na comunicação da mensagem de Deus. O pregador, nesse contexto, não é apenas um *expositor* das Escrituras, mas também um *canal* pelo qual o Espírito Santo pode falar diretamente à congregação. O sermão profético permite uma flexibilidade considerável no estilo e conteúdo da mensagem, que pode se adaptar às necessidades percebidas ou relevadas da audiência no momento. A ênfase na inspiração direta e na orientação do Espírito Santo durante a pregação também contribui para uma expectativa de atualidade. Assim, um sermão pentecostal ou carismático típico pode se mover fluidamente entre a exegese bíblica, a aplicação prática, o aconselhamento pastoral e momentos de revelação, todos unidos pela crença na ação presente e ativa do Espírito Santo tanto no pregador como na congregação.

QUE A PROFECIA NÃO SEJA PEDRA DE TROPEÇO NA EVANGELIZAÇÃO

Não faz muito tempo, circulou um vídeo em que um deputado evangélico profetizava a cura de uma deputada cadeirante na tribuna do Congresso Nacional. Embora os dons espirituais possam ser usados em diversos contextos desde os tempos remotos, quem é aluno de escola dominical sabe que esses dons devem ser prioritariamente utilizados na igreja e para a edificação da comunidade de fé. Espaços não congregacionais são geralmente inapropriados para esse tipo de atividade. É no ambiente de culto, e preferencialmente nele, que os dons

> **A profecia deve ser, sempre que possível, um auxílio ao sermão, não uma pedra de tropeço para os ouvintes da Palavra de Deus.**

---

[6] MACCHIA, Frank; MARTIN, Lee Roy. *Teologia Pentecostal da Pregação*. v. 1. Arari: Kerix, 2023. p. 100.

de elocução devem se manifestar. A profecia deve ser, sempre que possível, um auxílio ao sermão, não uma pedra de tropeço para os ouvintes da Palavra de Deus.

Lewi Pethrus, um dos pioneiros pentecostais, criticava com vigor aqueles que manifestavam dons em grupos de oração fora da congregação por temerem a avaliação do corpo ministerial. Ele afirmava que, quando usamos os dons na congregação, temos a oportunidade de receber instrução e crescermos com a ajuda do corpo de Cristo.[7] Donald Gee, o maior teólogo pentecostal da primeira metade do século 20, escreveu que "os dons não são expressos 'na cozinha da irmã Maria', mas na igreja. [...] A garantia da profecia na igreja é o fato de podermos examinar uns aos outros".[8] O exercício dos dons espirituais é, especialmente, uma atividade cultual e congregacional.

A TRÍPLICE FUNÇÃO DA PROFECIA

Como já mencionado, a profecia, conforme descrita por Paulo em 1Coríntios 14:3, desempenha três funções fundamentais na vida da igreja: edificação, exortação e consolação.

Edificação

A primeira função da profecia é a edificação. Em grego, "edificar" é *oikodomē*, que significa "construção" ou "fortalecimento". No contexto espiritual, edificação refere-se ao desenvolvimento e fortalecimento da fé dos crentes. A edificação tem uma dimensão escatológica, isto é, aponta para as últimas coisas, para a perfeição da consumação. As ações e os ensinamentos que ajudam a formar a fé e a espiritualidade das pessoas têm consequências eternas. Nas palavras do teólogo Anthony Thiselton:

> Se os materiais corretos forem usados sobre o alicerce de Cristo, a construção durará para sempre. Percebemos que edificar os outros é moldar a própria paisagem da eternidade? Exercitar os

---

[7] PETHRUS, Lewi. *O vento sopra onde quer*. Rio de Janeiro: CPAD, 1982. p. 87.
[8] GEE, Donald. *Como receber o batismo no Espírito Santo*. Rio de Janeiro: CPAD, 1995. p. 76.

dons com amor pode causar um impacto eterno sobre os outros, que se manifestará no último dia e na vida no céu. No ministério pastoral, chamamos isso de formação espiritual.[9]

Exortação

A segunda função da profecia é a exortação. A palavra "exortação" traduz o grego *paraklēsis*, que significa "encorajamento" ou "chamado à ação". A exortação envolve tanto a correção como o estímulo. Uma mensagem profética exortativa chama os crentes a viverem de acordo com os princípios de Deus, corrigindo comportamentos inadequados e incentivando a perseverança na fé. Paulo encorajou Timóteo a lembrar das profecias feitas a seu respeito para que lutasse o bom combate da fé (1Timóteo 1:18). Isso demonstra que a profecia também funciona como reafirmação do chamado e dos dons de Deus na vida de uma pessoa.

Em Romanos 12:6-8, a exortação é diferenciada da profecia:

> Temos diferentes dons, de acordo com a graça que nos foi dada. Se alguém tem o dom de *profetizar*, use-o na proporção da sua fé. Se o seu dom é servir, sirva; se é ensinar, ensine; se é *dar ânimo* [*parakalōn*], que assim faça.

Segundo Anthony D. Palma, Paulo teria pensado que o ato de animar/exortar alguém era demasiadamente importante, de modo que o listou como um dom específico.[10] Embora cada dom espiritual tenha uma função particular, há momentos em elas se sobrepõem e interagem. Por exemplo, alguém com o dom de profecia pode também exortar enquanto profetiza, e alguém

Os dons espirituais, embora distintos em suas funções principais, complementam-se e trabalham juntos na edificação da igreja.

---

[9] THISELTON, Anthony C. *First Corinthians*: A Shorter Exegetical and Pastoral Commentary. Grand Rapids: Eerdmans, 2006. p. 239.

[10] PALMA, Anthony D. "1 Coríntios". Em: ARRIGTON, French L. e STRONSTAD, Roger. *Comentário Bíblico Pentecostal*: Novo Testamento. Rio de Janeiro: CPAD, 2003. p. 1025.

com o dom de exortação pode falar de forma que inclua elementos proféticos. Os dons espirituais, embora distintos em suas funções principais, complementam-se e trabalham juntos na edificação da igreja.

Consolação

A terceira função da profecia é a consolação. No grego, *paramythia* significa "conforto" ou "alívio". A consolação profética é especialmente importante em tempos de dificuldade e sofrimento. Por meio da profecia, Deus oferece palavras de paz, esperança e segurança, reafirmando sua presença e seu cuidado em meio às adversidades.

A PROFECIA NA IGREJA

O dom de profecia opera dentro do quadro mais amplo, no qual o Espírito Santo distribui os dons conforme sua vontade para o bem comum da igreja. O exercício desse dom na igreja é sinal da presença contínua e ativa de Deus entre seu povo (1Coríntios 14:24-25), cumprindo parcialmente a promessa escatológica de Joel (Joel 2:28-29; Atos 2:17-18), enquanto antecipa a plenitude da revelação que virá com a consumação do reino de Deus.

A manifestação do dom de profecia na igreja também é testemunho vivo da natureza relacional e comunicativa de Deus. Ele reafirma sua presença ativa e seu envolvimento contínuo na vida de seu povo (João 16:13; Hebreus 1:1-2). Esse aspecto do dom desafia concepções que limitam a interação divina a modos puramente históricos ou textuais, como defendem os deístas ou cessacionistas.

O exercício do dom de profecia carrega implicações significativas para a liderança e estrutura eclesiástica, desafiando hierarquias rígidas e promovendo um modelo mais participativo de ministério (1Coríntios 14:26,31). É importante notar que o dom de profecia, embora primariamente voltado para a edificação da igreja, pode ter implicações mais amplas, oferecendo perspectivas divinas sobre questões sociais, culturais ou mesmo globais (Atos 11:28). Isso ressalta o potencial do dom não apenas para a edificação da comunidade, mas também para seu testemunho e impacto no mundo (Mateus 5:13-16).

> **Paulo diz que a profecia é o maior dos dons porque, de alguma forma, os dons de expressão são derivações dela.**

Paulo diz que a profecia é o maior dos dons porque, de alguma forma, os dons de expressão são derivações dela (1Coríntios 14:1). Por exemplo, o falar em línguas é uma espécie de profecia em linguagem não corrente (1Coríntios 14:2). O discernimento de espíritos é uma profecia que revela a falsidade de outro suposto dom em ação (1Coríntios 12:10). A interpretação de línguas é uma profecia que faz com que o falar em línguas seja entendível (1Coríntios 14:13). A palavra do conhecimento é uma revelação de um fato desconhecido, portanto, uma espécie de profecia (1Coríntios 12:8). A palavra de sabedoria envolve encorajamento, um dos elementos centrais da profecia (1Coríntios 14:3).

No decorrer deste livro, inúmeros assuntos envolvendo glossolalia serão abordados. Embora haja diferenças entre a linguagem glossolálica (falada em uma linguagem desconhecida) e a profecia (falada em uma linguagem corrente), a proximidade dos dois modos de elocução é evidente. Aliás, como já mencionado, um conjunto importante dos dons espirituais depende da elocução. A glossolalia e a profecia, embora distintas em natureza e propósito, compartilham a característica fundamental de serem expressões verbais inspiradas pelo Espírito Santo, servindo como meios pelos quais a comunicação divina se manifesta na comunidade cristã. Essa inter-relação sublinha a importância da palavra falada nos dons espirituais.

O próprio Paulo observa que a língua interpretada equivale à profecia em propósito. Em 1Coríntios 14:5, ele diz: "Gostaria que todos vocês falassem em línguas, mas prefiro que profetizem.

Quem profetiza é maior do que aquele que fala em línguas, a não ser que as interprete, para que a igreja seja edificada." Aqui, Paulo destaca que, sem interpretação, a glossolalia permanece incompreensível e, portanto, não beneficia a congregação. No entanto, quando interpretada, a mensagem transmitida por meio das línguas pode edificar, exortar e consolar a igreja da mesma forma que a profecia. Essa equivalência em propósito reforça a interconexão entre os dons de elocução e a importância da compreensão para a edificação coletiva.

● CAPÍTULO 2

Quem é o profeta?

A espiritualidade do antigo Israel era marcada por práticas proféticas, visões e manifestações do Espírito de Deus, conforme registrado nos textos bíblicos e outros escritos do Judaísmo do Segundo Templo — período que vai do cativeiro babilônico, em 516 a.C., à destruição do segundo templo, em 70 d.C. A igreja primitiva, seguindo a tradição judaica, experimentou dons espirituais como profecia, cura e glossolalia (falar em línguas), evidenciando, ao mesmo tempo, uma continuidade em relação às antigas práticas e uma adaptação na nova comunidade cristã. Manifestações como sonhos, intuições, glossolalias, curas e exorcismos eram mais comuns do que a teologia racionalista admite. No entanto, o centro do carisma na narrativa bíblica é a profecia. De longe, esse é o dom mais compartilhado no texto bíblico, unindo personagens do Antigo Testamento, como Moisés (Números 12:6-8), Saul (1Samuel 10:10-11), Asafe (1Crônicas 25:2), Elias (1Reis 18:36) e Eliseu (2Reis 2:15), e do Novo Testamento, como Jesus (Mateus 24:3-35), João Batista (Lucas 3:2-18), Paulo (Atos 13:1-2) e João de Patmos (Apocalipse 1:1-3).

DEFINIÇÃO

O texto hebraico do Antigo Testamento usa o termo *navi* (profeta) e *ro'eh* (vidente). No texto grego do Novo Testamento, "profeta" é *prophētēs*. O sentido no hebraico e grego é o mesmo, referindo-se a indivíduos que recebem mensagens divinas, frequentemente por meio de intuições, revelações, visões e sonhos, e as comunicam, desempenhando um papel central na orientação espiritual e moral do povo de Deus (cf. Êxodo 7:1; 1Samuel 9:9; Mateus 11:9; Atos 13:1).

O profeta é um confidente de Deus, escolhido e chamado pelo Altíssimo para ser seu porta-voz na terra, ao qual conta seus segredos e com quem compartilha sua intimidade (Amós 3:7). O contraponto a isso é que o profeta carrega o peso de comunicar fielmente as revelações que recebe de Deus (Ezequiel 3:17). Essa relação de confidência atingiu o ápice em Jesus Cristo, profeta por excelência, que não apenas falou a palavra de Deus, mas é a própria Palavra encarnada (João 1:1,14). Ele revelou o Pai de maneira plena e definitiva (Hebreus 1:1-2).

O profeta pode ser místico, mas a função profética é diferente da função mística.[1] Enquanto o chamado do místico é o "experimentar Deus", a vocação do profeta é o "contato direto com o povo".[2] Seu papel mais voltado para a sociedade e questões coletivas, transmitindo mensagens divinas para orientar, alertar ou corrigir o povo. O místico, por sua vez, tem uma jornada mais individual e introspectiva, focada na experiência pessoal com Deus.

O profeta é uma pessoa de paixões. Em uma bela definição, o pensador judeu Abraham J. Heschel pontuou:

O profeta é uma pessoa de paixões.

> O profeta é um homem que sente intensamente. Deus impôs um fardo sobre sua alma, e ele está curvado e atordoado pela avidez feroz da humanidade. Assustadora é a agonia humana; nenhuma voz mortal pode transmitir seu terror completo. A profecia é a voz que Deus emprestou à agonia silenciosa; uma voz para os pobres saqueados, para as riquezas profanadas do mundo. É uma forma de viver, um ponto de cruzamento entre Deus e o humano. Deus vocifera pelas palavras do profeta.[3]

Além de ser porta-voz da justiça divina, o profeta é também guardião da moralidade. Ele não se contenta em observar passivamente a injustiça; ele é compelido a agir, a falar, a denunciar. Sua

---

[1] O misticismo, como os cristãos entendem, refere-se à busca e à experiência direta da presença de Deus, geralmente caracterizadas por uma união íntima e transformadora com Deus. Não é sinônimo de esoterismo nem de loucuras exóticas.

[2] DÍAZ, José Luis Sicre. *Introdução ao profetismo bíblico*. 2 ed. Petrópolis: Vozes, 2016. p. 85.

[3] HESCHEL, Abraham J. *The Prophets*. 2 ed. Nova York: HarperCollins, 2001. p. 5-6.

sensibilidade ao mal é manifestação de sua profunda comunhão com Deus, que o leva a ver o mundo com os olhos divinos. O que para outros pode parecer trivial ou insignificante, para o profeta é de suma importância, pois ele entende que cada ato de injustiça é uma afronta à santidade de Deus.

Os profetas frequentemente expressam suas mensagens com linguagem vívida e poderosa, utilizando metáforas e imagens que chocam e despertam a consciência de seus ouvintes. Suas palavras são como fogo, consumindo as ilusões de segurança e prosperidade baseadas na injustiça. Eles são sentinelas, que não podem descansar enquanto o povo se afasta dos caminhos de Deus. Suas palavras não são vazias e abstratas, mas enérgicas. "A palavra do profeta é concreta e exata", lembra o teólogo norte-americano Walter Brueggemann.[4] A missão profética é, portanto, o despertamento e a transformação. O profeta revela a realidade da condição humana e a necessidade urgente de uma resposta ética e espiritual. Sua vida é um testemunho vivo da presença de Deus entre os seres humanos, e um constante lembrete de que o reino de Deus exige justiça, misericórdia e humildade.

> **Os profetas frequentemente expressam suas mensagens com linguagem vívida e poderosa, utilizando metáforas e imagens que chocam e despertam a consciência de seus ouvintes.**

PROFETAS NO ANTIGO TESTAMENTO

Os profetas no Antigo Testamento eram frequentemente extáticos.[5] O termo "extático" refere-se a um estado de êxtase em que a pessoa experimenta uma intensa emoção e comunhão com o Espírito divino, muitas vezes acompanhada por manifestações físicas

---

[4] BRUEGGEMANN, Walter. *A Imaginação Profética*. São Paulo: Paulinas, 1983. p. 92.

[5] BILLON, Gérard. *Introdução ao Antigo Testamento*. São Paulo: Loyola, 2020. p. 86.

e comportamentais visíveis. Esse estado é diferente de um transe, que é uma condição mais passiva e geralmente caracterizada por uma diminuição da consciência. O êxtase e o transe, embora parecidos na forma, são diferentes em termos de memória e autocontrole. O primeiro produz memória, enquanto o segundo causa certa confusão cognitiva; o êxtase é controlável, enquanto o transe é descontrolado. Assim, o êxtase não é um delírio irracional, como afirmam racionalistas liberais e fundamentalistas.

A ênfase nos movimentos corporais dos profetas é evidente em passagens como 1Samuel 10 e 19. Em 1Samuel 10:5-6, Saul encontra um grupo de profetas que está profetizando com instrumentos musicais. O Espírito do Senhor desce sobre ele, levando-o a se unir a eles em profecia, exibindo sinais de um comportamento extático. O texto bíblico até enfatiza que, ao verem Saul profetizando, as pessoas ficaram admiradas: "Quando os que já o conheciam viram-no profetizando com os profetas, perguntaram uns aos outros: 'O que aconteceu ao filho de Quis? Saul também está entre os profetas?'" (1Samuel 10:11). Repare no verbo "ver" (no hebraico, tem o sentido de "perceber; observar"). O público *viu* em Saul algo que lhes lembrou os profetas da escola de Samuel. Isso que viram eram as manifestações extáticas. Em 1Samuel 19:20-24, vemos outra cena semelhante, em que Saul e seus mensageiros são dominados pelo Espírito de Deus e profetizam de maneira extática, com movimentos corporais expressivos e comportamentos que indicam uma experiência espiritual intensa.

Grandes profetas, como Isaías e Ezequiel, tiveram experiências de visões em êxtase. Isaías descreve sua visão no templo, na qual viu o Senhor sentado em um trono alto e exaltado, com serafins ao seu redor, proclamando a santidade de Deus (Isaías 6:1-8). Ezequiel teve uma série de visões extáticas, começando com a famosa visão dos céus abertos e das criaturas vivas com rodas dentro de rodas, representando a glória de Deus (Ezequiel 1:1-28).[6]

---

[6] Para um tratamento exaustivo sobre a atuação carismática do Espírito Santo no Antigo Testamento, veja: CARVALHO, César Moisés; CARVALHO, Céfora. *Teologia Sistemático-Carismática*. Volume 1. Rio de Janeiro: Thomas Nelson Brasil, 2022. p. 350-717. HILDEBRANDT, Wilf. *Teologia do Espírito de Deus no Antigo Testamento*. São Paulo: Loyola, 2018. WADHOLM Jr., Rick. *A Teologia do Espírito nos antigos profetas*. São Paulo: Reflexão, 2020. NEVE, Lloyd R. *O Espírito de Deus no Antigo Testamento*. Arari: Kerix, 2023.

COMO ENTENDER O DOM DA PROFECIA HOJE?

PROFETAS NO JUDAÍSMO DO SEGUNDO TEMPLO

A profecia na literatura do Judaísmo do Segundo Templo revela uma continuidade com as tradições proféticas do Antigo Testamento, mas também reflete mudanças significativas nas expectativas e na prática profética. Esse período é marcado por uma rica produção literária que inclui textos apocalípticos, a literatura de Qumran, escritos sectários e pseudoepígrafos, todos oferecendo perspectivas valiosas sobre a natureza da profecia.

A literatura apocalíptica é um gênero literário caracterizado por revelações divinas sobre o fim dos tempos, geralmente transmitidas por meio de visões, sonhos ou anjos. Esses textos frequentemente descrevem catástrofes cósmicas, julgamentos divinos e a vitória final de Deus sobre as forças do mal, com o objetivo de oferecer esperança e consolo aos fiéis em tempos de perseguição ou crise. Esse tipo de profecia, com seu foco escatológico, reflete uma preocupação com a justiça divina e a restauração de Israel. Por exemplo, em Daniel 7, o profeta tem uma visão de quatro bestas que representam impérios sucessivos, culminando no estabelecimento do reino de Deus. Exemplos bíblicos de livros apocalípticos são Daniel, no Antigo Testamento, e Apocalipse, no Novo Testamento. Entre os apócrifos temos: 1Enoque, ou Livro de Enoque; 2Enoque, ou Enoque Eslavo; Apocalipse de Esdras, ou 4Esdras; Apocalipse de Baruque, ou 2Baruque; Livro dos Jubileus; Apocalipse de Abraão e os Testamentos dos Doze Patriarcas.

A literatura de Qumran diz respeito a uma coleção impressionante de textos e fragmentos de textos judaicos encontrados em Qumran, um sítio arqueológico próximo ao Mar Morto, entre as décadas de 1940 e 1950. Esse conjunto de textos, chamados de Manuscritos do Mar Morto, foram escritos e preservados por um grupo sectário que viveu na região entre 150 a.C. e 68 d.C. Eles oferecem outra visão da profecia. Os membros da comunidade de Qumran acreditavam viver nos últimos dias e consideravam-se os verdadeiros intérpretes das Escrituras. Textos como o Comentário de Habacuque (1QpHab) mostram de que forma essa comunidade entendia os escritos proféticos à luz de sua própria experiência. Eles reinterpretavam as profecias antigas para aplicá-las à sua própria situação, vendo-se como a realização das promessas divinas.

Os pseudoepígrafos são textos aos quais é atribuída autoria ou título falsos. Dois exemplos são o Livro dos Jubileus e o Testamento dos Doze Patriarcas, que contêm elementos proféticos. O Livro dos Jubileus, escrito entre os séculos 2 e 1 a.C., reinterpreta a história bíblica, oferecendo novas revelações e explicações que refletem a teologia e as preocupações da época. O Testamento dos Doze Patriarcas apresenta discursos atribuídos aos filhos de Jacó, prevendo eventos futuros e exortando seus descendentes à fidelidade à aliança com Deus.[7]

PROFETAS NO NOVO TESTAMENTO

Os escritos neotestamentários, particularmente as cartas paulinas e o livro de Atos, oferecem um vislumbre rico sobre a natureza e a função da profecia no contexto carismático da igreja primitiva. Paulo, em suas epístolas, especialmente em 1Coríntios 12—14, trata a profecia como um dom espiritual crucial para a edificação da comunidade cristã. Ele destaca que a profecia, diferentemente do falar em línguas, tem um propósito claro de construir, exortar e consolar (1Coríntios 14:3). Esse enfoque na edificação revela a dimensão comunitária e pastoral da profecia, que muitas vezes é obscurecida pela crença popular de que profetizar é prever eventos futuros.

A nuance da profecia neotestamentária também pode ser observada na tensão entre espontaneidade e ordem. Paulo, em 1Coríntios 14, insiste que os profetas devem falar um de cada vez, e que suas palavras sejam julgadas pelos outros profetas (v. 29-33). Isso aponta para a necessidade de equilíbrio entre a inspiração

[7] LEVINSON, John. "Holy Spirit". Em: EVANS, Craig; PORTER, Stanley. *Dictionary of the New Testament Backgrounds*. Downers Grove: IVP Academics, 2000. p. 508.

carismática e a ordem congregacional, refletindo uma preocupação com a edificação coletiva e a harmonia do culto.

Outra dimensão, muitas vezes negligenciada, é a diversidade de expressões proféticas. No Novo Testamento, vemos diferentes tipos de profecia, que vão desde a predição específica, como as profecias de Ágabo (Atos 11:28; 21:10-11), até à exortação moral e teológica, como nas cartas pastorais. Essa diversidade sugere que a profecia é um fenômeno dinâmico e polivalente, adaptado às necessidades contextuais da igreja.

A RELAÇÃO ENTRE DOM DE PROFECIA E OUTROS DONS DE EXPRESSÃO

O desafio de definir "profeta" à luz do Novo Testamento é que, assim como o termo "apóstolo", a palavra "profeta" e seus cognatos não possuem significado uniforme. Podem representar um grupo distinto na igreja ou designar, de forma geral, qualquer crente que o Espírito mova a profetizar.[8] Na teologia paulina, os termos "profecia" e "revelação" são sinônimos e intercambiáveis.[9] Isso pressupõe que ambos os termos podem ser usados para descrever a mesma experiência ou função espiritual, sem distinção significativa entre si.

O Novo Testamento distingue entre o dom de profecia, que pode ser dado a muitos membros da igreja (1Coríntios 12:10), e o ministério de profeta, que é uma chamada específica dentro do corpo de Cristo (Efésios 4:11). A ligação entre ambos os dons é muito estreita, mas, ainda assim, são realidades distintas.

Qualquer tentativa de sistematizar a diferença entre profeta e o dom de profecia é, obviamente, limitada. Mas, em termos gerais, pode-se dizer que o dom de profecia é um dos muitos dons espirituais que o Espírito Santo distribui aos crentes para o benefício comum (1Coríntios 12:7). Já o ministério de profeta envolve uma responsabilidade contínua e reconhecida de liderança espiritual.

---

[8] PALMA, *The Holy Spirit*, p. 209.
[9] PALMA, "1 Coríntios", p. 1038.

Profetas no Antigo Testamento, como Elias e Jeremias, tinham uma chamada divina clara e desempenhavam um papel central na direção espiritual do povo de Israel. No Novo Testamento, vemos Ágabo, profeta conhecido por sua oratória impressionante (Atos 11:28). Ágabo utilizava uma linguagem vívida e evocativa, e recorria a atos simbólicos para reforçar suas mensagens, como quando profetizou o aprisionamento de Paulo, usando um cinto para ilustrar a profecia (Atos 11:28; 21:10-11).

No Novo Testamento, e na igreja de forma geral, encontramos figura magnéticas que desempenham um tipo de profetismo. Apolo é um exemplo disso. Ele era um homem eloquente e poderoso nas Escrituras (Atos 18:24). É de se notar, porém, que sua habilidade comunicativa, seu magnetismo e a grande capacidade de transmitir a Palavra precediam o conhecimento teológico. Apolo, sem dúvida, era um hábil pregador, mas precisou da educação teológica que recebeu do casal Priscila e Áquila (Atos 18:26).

Essa situação ilustra muito bem os diferentes dons presentes na igreja e como eles interagem entre si, um edificando o outro. A tabela a seguir esquematiza essas diferenças.

Termo	Definição	Exemplo
Pregador	Mestre ou profeta que expõe a Palavra.	Apolo
Profeta	Pregador com senso aguçado de urgência, emocionalmente intenso e desafiador. Usado ou não no dom de profecia. Narrativo e dramático na oratória.	Ágabo
Mestre	Focado no ensino, ponderado, racional, sistemático.	Priscila e Áquila
Dom de profecia	Palavra de natureza sobrenatural que serve de consolo, encorajamento e tem caráter revelacional.	Qualquer um deles, pela inspiração do Espírito, no exercício de seus dons

COMO ENTENDER O DOM DA PROFECIA HOJE?

Embora a profecia, como dom espiritual, não se confunda com a pregação, o ministério do profeta está essencialmente ligado à proclamação da Palavra. É importante salientar que nem todo pregador é profeta, mas o papel do profeta frequentemente envolve a pregação.

> A mensagem do profeta no Novo Testamento é produto de imediata relevação do momento. Pode ser mediante a iluminação de um texto ao pregador e a poderosa inspiração na exposição da mensagem ou propriamente o dom de profecia. De uma maneira ou de outra, esse ministério se evidenciará pelo seu caráter sobrenatural.[10]

Podemos pensar em uma categorização sistemática: o pregador-profeta e o pregador-mestre. O pregador-profeta é aquele que transmite mensagens de revelação e exortação, trazendo uma palavra atual e relevante para a igreja. Por outro lado, o pregador-mestre foca na instrução doutrinária e na formação espiritual dos crentes, aprofundando o entendimento das Escrituras e fortalecendo a base teológica da congregação. Como qualquer sistematização do texto bíblico — sempre econômico em seus conceitos —, essa categorização é limitada e, quando mal utilizada, pode até mesmo restringir o entendimento dos temas propostos.

O profeta é enérgico, enquanto o mestre é contemplativo. O profeta possui um senso de urgência aguçado, enquanto o mestre pensa no longo prazo. O profeta é confrontador, enquanto o mestre é pacificador. O profeta é um arauto da verdade divina, enquanto o mestre é um guardião da sabedoria ancestral. O profeta desafia o *status quo*, enquanto o mestre cultiva a harmonia e o equilíbrio. O profeta fala com paixão ardente, transmitindo uma mensagem imediata e específica para a situação atual que busca despertar os ouvintes para a realidade espiritual presente. Em contraste, o mestre ensina com

---

[10] SOUZA, Estêvam Ângelo. *Os dons ministeriais na Igreja.* Rio de Janeiro: CPAD, 1993. p. 35.

uma clareza serena, levando seus alunos a uma compreensão mais profunda das Escrituras.

O profeta fala com paixão ardente, transmitindo uma mensagem imediata e específica para a situação atual que busca despertar os ouvintes para a realidade espiritual presente.

Essa dinâmica entre profeta e mestre, bem como os demais dons, assegura que a igreja não apenas reaja às necessidades imediatas, mas também se construa firmemente sobre os princípios eternos da Palavra de Deus, equilibrando a ação imediata com o crescimento duradouro. Juntos, os diversos dons de expressão garantem que a igreja esteja desperta para a vontade de Deus enquanto se mantém firmemente enraizada na verdade bíblica.

O PROFETA COMO CRÍTICO SOCIAL

O clamor pela justiça social era um traço importante dos profetas. O pastor Esequias Soares afirma:

> A justiça social está presente em toda a Bíblia, e esse assunto envolve religião, política e economia. Assim como [envolve] os aspectos político e social nos profetas, revelam a forma como a profecia contribuiu na formação moral e ética nos períodos que se seguiram à geração dos profetas de Israel e entre as nações.[11]

Embora nem toda crítica social seja profética, aquelas que nascem a partir de uma vida piedosa, de oração e comunhão com Deus e das Escrituras podem, sim, ser chamadas de "mensagens proféticas". Esse entendimento amplia a percepção da profecia, reconhecendo-a como uma ferramenta poderosa para a reflexão e ação social, alinhada aos princípios bíblicos de justiça e misericórdia.

---

[11] SOARES, Esequias. *O ministério profético na Bíblia.* Rio de Janeiro: CPAD, 2010. p. 50.

Assim, a profecia bíblica, longe de ser limitada a previsões futurísticas, se estabelece como um chamado vigoroso à conversão espiritual e social, inclusive do povo de Deus.

Profetas do Antigo Testamento como Amós, Isaías e Miqueias frequentemente denunciavam as injustiças sociais, a corrupção e a opressão dos pobres. Eles clamavam por um retorno à verdadeira adoração a Deus, que necessariamente incluía um compromisso com a justiça e a equidade. Por exemplo, Amós, em suas duras críticas aos ricos e poderosos de Israel, expunha a hipocrisia de uma religiosidade vazia que ignorava a opressão dos vulneráveis (Amós 5:21-24). O teólogo pentecostal José Gonçalves observa:

> Os profetas não assistiam de longe às mazelas sociais, tampouco as espiritualizavam. Eles tomavam para si a dor do pobre, da viúva e do órfão. Mesmo tendo uma consciência acurada sobre a realidade espiritual, movendo-se muitas vezes no mundo sobrenatural, os profetas sempre mantiveram os problemas sociais na esfera humana.[12]

A mensagem profética visava restaurar a aliança do povo com Deus, o que implicava tanto uma renovação espiritual como uma transformação das práticas sociais e econômicas. Isaías, por exemplo, fala de um tempo em que as espadas seriam transformadas em arados e as lanças em foices, simbolizando uma era de paz e justiça (Isaías 2:4).

A mensagem profética visava restaurar a aliança do povo com Deus, o que implicava tanto uma renovação espiritual como uma transformação das práticas sociais e econômicas.

Devemos, porém, evitar o erro comum das Teologias da Libertação de resumir os profetas a reformadores sociais. O risco, como

---

[12] GONÇALVES, José. *O carisma profético e o pentecostalismo atual.* Rio de Janeiro: CPAD, 2021. p. 54.

aponta José Luis Sicre Díaz, "é esquecer ou silenciar a profunda experiência religiosa desses homens, convertendo-os em meros líderes sociais ou políticos".[13] Aliás, qualquer imagem de profeta (preditivo, solitário, reformador social etc.) é limitada e simplista se vista de maneira isolada.

No Novo Testamento, o papel profético de crítico social é continuado em Jesus Cristo, que desafiava as autoridades religiosas e políticas de seu tempo, expondo a hipocrisia e a injustiça. O Sermão do Monte (Mateus 5—7) é um chamado claro à justiça radical que transcende as normas sociais e religiosas estabelecidas.

A tradição profética continua na igreja, na qual líderes e comunidades são chamados a serem vozes proféticas na sociedade. Essa vocação implica denunciar injustiças, defender os direitos dos oprimidos e promover a paz e a justiça, seguindo o exemplo de Cristo e dos profetas bíblicos. A profecia, portanto, não é apenas sobre prever o futuro, mas é um chamado constante à transformação moral e social, enraizado nos valores do reino de Deus.

O SUSSURRO DOS PROFETAS

Exercer os dons do Espírito não é entretenimento, diversão nem passatempo. Sobre aquele a quem Deus chama, seja leigo, seja clérigo, recai o peso da responsabilidade. Todos os profetas (Moisés, Isaías, Jeremias etc.) receberam sua missão como um fardo que, se possível fosse, dispensariam. Um dia, diante do tribunal de Cristo, daremos conta de nosso chamado. Os profetas tinham consciência da missão como um "peso de glória".

Faço aqui outra citação magistral do rabino Abraham J. Heschel:

> O profeta não e movido por uma vontade de experimentar a profecia. O que ele alcança vem contra sua vontade. Ele não se vangloria da iluminação. Ele não clama por ela; ele é chamado. Deus vem sobre o profeta antes que o profeta busque a vinda de Deus [...]. A profecia é uma vocação, um ato de carisma e eleição.

---

[13] DÍAZ, José L. Sicre. "La compleja imagen del profeta". *Proyección*, n. 34, 1987, p. 259-68.

Não pressupõe treinamento nem o desenvolvimento gradual de um talento. É um ato de graça.[14]

O sentimento do profeta é sempre de impotência e, por isso, de dependência da graça de Deus. "Não posso levar todo esse povo sozinho; essa responsabilidade é grande demais para mim" (Números 11:14), disse Moisés. Da mesma forma sussurram todos os profetas de Deus.

O profeta, portanto, é caracterizado por um profundo senso de responsabilidade e pela consciência de ser o portador de uma mensagem divina que, muitas vezes, não é bem recebida pelo povo. Jeremias, por exemplo, é conhecido como o "profeta das lágrimas" por causa do sofrimento que enfrentou ao transmitir as palavras de Deus. Isaías teve uma visão de Deus no templo e, ao perceber a sua própria impureza, exclamou: "Ai de mim! Estou perdido! Pois sou homem de lábios impuros e vivo no meio de um povo de lábios impuros, e os meus olhos viram o Rei, o Senhor dos Exércitos!" (Isaías 6:5). Moisés, diante do chamado de Deus, relutou, alegando sua falta de eloquência: "Ó Senhor, eu nunca tive facilidade para falar" (Êxodo 4:10).

A vida dos profetas é marcada por desafios constantes e pela necessidade de depender totalmente de Deus. Eles enfrentam oposição, rejeição e, muitas vezes, perseguição. No entanto, a certeza do chamado divino e a convicção de estar cumprindo a vontade de Deus os sustentam. O profeta Amós, um simples pastor de ovelhas e colhedor de sicômoros, respondeu com firmeza aos que tentavam silenciá-lo: "Mas o Senhor me tirou do serviço junto ao rebanho e me disse: 'Vá, profetize a Israel, o meu povo'" (Amós 7:15).

> **A vida dos profetas é marcada por desafios constantes e pela necessidade de depender totalmente de Deus.**

---

[14] HESCHEL, *The Prophets*, p. 457-8.

O Novo Testamento também destaca a seriedade do chamado profético. Paulo, em suas cartas, frequentemente menciona o peso de sua missão apostólica e a responsabilidade de proclamar o evangelho. Em 1Coríntios 9:16, ele declara: "Ai de mim se não pregar o evangelho!". Essa consciência de responsabilidade é um tema recorrente entre aqueles que são chamados por Deus para falar em seu nome.

Assim, a vida profética é um testemunho de entrega e sacrifício, sempre guiada pela voz de Deus e sustentada pela sua graça. Os profetas sussurram suas orações, clamando por força e sabedoria, enquanto carregam o peso de sua missão com humildade e reverência.

● CAPÍTULO 3

Jesus como profeta

A atividade de Jesus como pregador itinerante é um dos aspectos mais marcantes de seu ministério terreno (Mateus 4:23; 9:35; Marcos 1:38). Ele percorreu cidades e vilarejos da Galileia e da Judeia proclamando a chegada do reino de Deus. Seu estilo de pregação era cativante, gráfico e frequentemente dramático, utilizando parábolas, metáforas e linguagem simples para transmitir verdades profundas sobre o reino (Mateus 13; Marcos 4; Lucas 8). "Jesus frequentemente ensina invocando um exemplo extremo e chocante".[1] Ele também usava perguntas retóricas para provocar o pensamento e despertar a curiosidade (Mateus 16:13-20; Marcos 8:27-30). Seus discursos, muitas vezes, desafiavam as interpretações tradicionais da lei (Mateus 5—7).

Além de pregador, Jesus era profeta (Mateus 21:11; Lucas 7:16; João 4:19). Essa identificação complementa sua identidade cristológica como Messias, Filho de Deus e Salvador. Jesus se inseriu na tradição profética de Israel, reivindicando para si o cumprimento de promessas anunciadas pelos profetas anteriores (Lucas 4:16-21). Ele é identificado com o servo sofredor de Isaías 53 (cf. 1Pedro 2:22-25), que se sacrifica pelo pecado do povo. Jesus também se apresentou como o novo Moisés (João 1:17; 5:45-47), aquele que revelaria a plenitude da vontade de Deus e conduziria o povo à liberdade. Pedro refere-se a Jesus como o profeta semelhante a Moisés (Atos 3:22), uma citação direta de Deuteronômio 18:15.

Enquanto profeta, Jesus não se limitou a predizer o futuro (Mateus 24; Marcos 13; Lucas 21), mas denunciou as injustiças

---

[1] BAUCKHAM, Richard. *Jesus:* uma breve introdução. Campinas: Aldersgate, 2022. p. 73.

sociais e religiosas de seu tempo (Mateus 23; Lucas 11:37-54) e conclamou à conversão (Mateus 4:17; Marcos 1:15). Sua mensagem profética desafiou as estruturas de poder estabelecidas (João 11:45-57) e denunciou a hipocrisia dos líderes religiosos (Mateus 23), o que culminou em sua crucificação (Marcos 15:21-39).

A mensagem profética de Jesus se caracterizou pela proclamação do reino de Deus como uma realidade presente (Mateus 12:28; Lucas 11:20; 17:20-21), mas ainda não plenamente manifesta — o famoso "já, mas ainda não".[2] Ele convocou seus seguidores a viverem uma vida de amor (João 13:34-35), justiça (Mateus 6:33) e misericórdia (Lucas 10:25-37).

> **A mensagem profética de Jesus se caracterizou pela proclamação do reino de Deus como uma realidade presente.**

JESUS COMO PROFETA CARISMÁTICO

No Evangelho de Lucas, Jesus é apresentado como um profeta "poderoso em palavras e em obras" (Lucas 24:19), e seu nascimento é marcado pela presença de uma comunidade profética. Zacarias, pai de João Batista, ao recuperar a fala após o nascimento do filho, profetiza sobre a missão de João e a vinda do Salvador (Lucas 1:67-79). Isabel, sua mulher, cheia do Espírito Santo, reconhece Maria como a mãe do Senhor (Lucas 1:41-45). Maria, por sua vez, entoa o *Magnificat*, um cântico de louvor e profecia (Lucas 1:46-55). Simeão, homem justo e devoto que aguardava a consolação de Israel, é movido pelo Espírito Santo ao templo, onde toma Jesus nos braços e profetiza sobre sua missão e seu impacto futuro (Lucas 2:25-35). Ana, uma profetisa idosa, também está presente no templo. Ela dá graças a Deus e fala sobre o menino a todos os que esperavam a redenção de Jerusalém (Lucas 2:36-38).[3]

---

[2] LADD, *O Evangelho do reino*, p. 25-52.
[3] Leia mais sobre o assunto em SIQUEIRA, *Pneumatologia*, p. 42-55.

Ainda em Lucas-Atos, Jesus é apresentado de maneira clara como profeta,[4] um profeta carismático. No início de seu ministério, ao ler a passagem de Isaías 61:1-2 na sinagoga de Nazaré, ele declara: "O Espírito do Senhor está sobre mim, porque ele me ungiu para pregar boas novas aos pobres. Ele me enviou para proclamar liberdade aos cativos e recuperação da vista aos cegos, para libertar os oprimidos, e proclamar o ano da graça do Senhor" (Lucas 4:18-19).

O carisma profético de Jesus se manifesta em sua capacidade de discernir a vontade de Deus e proclamá-la com autoridade (Mateus 7:29). Ele não se limita a interpretar as Escrituras, mas revela a plenitude delas, oferecendo uma nova perspectiva sobre a Lei e os Profetas. Jesus também demonstra um profundo conhecimento do coração humano, usado em relevação, confrontando as pessoas com suas motivações mais profundas e convidando-as à conversão (João 4:16-19).

Jesus realizou milagres que se assemelham aos atos de profetas como Elias e Eliseu — o que não passou desapercebido para os primeiros leitores dos Evangelhos.[5] Os milagres e curas realizados por Jesus são sinais do seu carisma profético (Mateus 8—9; Marcos 1—2; Lucas 4—5). Eles não são meras demonstrações de poder, mas atos de compaixão e libertação, que revelam o amor de Deus pelos sofredores e marginalizados (Mateus 9:36). Os exorcismos realizados por Jesus também evidenciam sua autoridade sobre as forças do mal e anunciam a vitória do reino de Deus sobre o domínio de Satanás (Marcos 1:21-28; Lucas 4:31-37).[6]

JESUS COMO PROFETA ESCATOLÓGICO

A ressurreição de Jesus foi interpretada pelos cristãos como a confirmação de sua identidade profética e a inauguração da era

---

[4] BOUNNEAU, Guy. *Profetismo e instituição no cristianismo primitivo*. São Paulo: Paulinas, 2003. p. 120.

[5] DUNN, James. *Jesus Recordado*: o cristianismo em seus começos. Livro 1. São Paulo: Paulus, 2022. p. 857.

[6] Dois livros que aprofundam o tema sob a ótica da teologia bíblica são SHELTON, James. *Poderoso em palavras e obras*: O papel do Espírito em Lucas-Atos. Natal: Carisma, 2018; e STRONSTAD, Roger. *Teologia carismática de Lucas*. Rio de Janeiro: CPAD, 2018.

escatológica. A partir de então, ele passou a ser visto como o profeta definitivo (Atos 3:22-26; 7:37), aquele que revelou a plenitude do plano de Deus para a humanidade e que voltará em glória para julgar os vivos e os mortos (Mateus 25:31-46).

Essa visão escatológica de Jesus como profeta está profundamente enraizada nas profecias do Antigo Testamento, que esperavam a vinda de um messias que restauraria o reino de Deus (Isaías 11; Jeremias 23:5-6; Ezequiel 37:24-28). Os primeiros cristãos viram a ressurreição como início da nova criação, um conceito central na teologia paulina, que reafirma a autoridade de Jesus como o Filho de Deus e juiz escatológico (Romanos 1:4; 1Coríntios 15:20-28). Finalmente, a crença na volta iminente de Jesus para consumar a história é um tema recorrente nos escritos apocalípticos do Novo Testamento,[7] como no livro de Apocalipse, que apresenta Jesus como o Alfa e o Ômega, o princípio e o fim (Apocalipse 1:8; 22:12-13).

O ESPÍRITO E A ALEGRIA EXTÁTICA

Nos textos de Lucas 1:41-42; 10:21 e Atos 13:52, encontramos uma conexão significativa na ação do Espírito Santo, que provoca alegria profunda e espiritual tanto em João Batista como em Jesus e seus discípulos.

Em Lucas 1:41-42, João Batista experimenta o êxtase do salto de alegria ao ser cheio do Espírito Santo diante da presença física de Jesus, enquanto Isabel manifesta o espírito da profecia ao ser contagiada pelo enchimento do filho em seu ventre. Em Lucas 10:21, Jesus exulta no Espírito Santo, manifestando uma alegria intensa e espiritual. Essa alegria não é uma emoção superficial, mas uma

---

[7] Os principais textos apocalípticos do Novo Testamento incluem: o livro do Apocalipse, os discursos escatológicos de Jesus (Mateus 24—25; Marcos 13; Lucas 21:5-36); passagens paulinas (1Tessalonicenses 4:13-5:11; 2Tessalonicenses 2:1-12); passagens católicas (2Pedro 3:3-13; Judas 14-15); e elementos apocalípticos em outras partes do NT (Atos 2:17-21; 1Coríntios 15:51-57; Hebreus 12:25-29). O Apocalipse de João é o único livro inteiramente apocalíptico no NT, enquanto os outros textos contêm elementos do gênero em graus variados. Para uma discussão mais aprofundada, veja: AUNE, D. E. "Apocalypticism". Em: EVANS, Craig A.; PORTER, Stanley E. (orgs.). *Dictionary of New Testament Background*. Downers Grove: InterVarsity, 2000. p. 45-58.

resposta profunda à revelação e à presença de Deus. Em Atos 13:52, os discípulos estão cheios de alegria e do Espírito Santo, evidenciando a continuidade da obra do Espírito desde o ministério terreno de Jesus até a vida da igreja primitiva.

A alegria mencionada nesses textos está enraizada na revelação divina. Em Lucas, a alegria de Jesus está ligada ao conhecimento do reino de Deus, que é revelado aos humildes, aos "pequeninos", em contraste com os sábios e entendidos desse mundo. Essa inversão de valores destaca o prazer de Deus em revelar seus mistérios aos que são espiritualmente receptivos e humildes. Em Atos, a alegria dos discípulos é associada à presença contínua do Espírito Santo, mesmo em meio a perseguições e adversidades. Essa alegria transcende as circunstâncias e é uma manifestação do fruto do Espírito na vida dos crentes.

Embora seja difícil afirmar categoricamente que Jesus experimentou uma *fala extática*, o texto de Lucas 10:21 sugere fortemente que ele vivenciou uma *experiência extática*, semelhante à de João Batista e dos discípulos. A afirmação "alegrou-se no Espírito Santo" se alinha perfeitamente com a teologia lucana, segundo a qual a alegria está intrinsecamente ligada à chegada do Messias e à ação do Espírito Santo. Essa alegria exultante ecoa a expectativa judaica presente no Antigo Testamento (Isaías 12:6; Zacarias 9:9; Sofonias 3:17) e na literatura do Judaísmo do Segundo Templo (1QH col. XI, 7-9; Salmos de Salomão 17:32-35).

● CAPÍTULO 4

Profecia no contexto da teologia carismática de Paulo

A tradição protestante enfatiza o aspecto intelectual do apóstolo Paulo, que é retratado como uma espécie de acadêmico e teólogo sistemático do primeiro século. Para muitos evangélicos, Paulo era um "escolástico" da igreja primitiva.[1] Embora seja inegável que o apóstolo, de fato, é o maior e mais importante teólogo da cristandade, não podemos nos esquecer de que ele também possuía um lado místico e carismático bastante intenso.[2] Longe de ser um "teólogo de gabinete", Paulo era um apóstolo-missionário

---

[1] "No cristianismo ocidental, que está acostumado a ver Paulo ligado à Reforma Protestante, seja para apoiá-la ou rejeitá-la, e familiarizado com os debates teológicos posteriores, é preciso lembrar que esse apóstolo estava muito mais perto de João do Apocalipse do que de Lutero e Calvino, e de teólogos posteriores." MACHADO, Jonas. *O misticismo apocalíptico do apóstolo Paulo:* Um novo olhar nas cartas aos Coríntios na perspectiva da experiência religiosa. São Paulo: Paulus, 2009. p. 18.

[2] Quando falamos do misticismo de Paulo, é inevitável mencionar a obra *O misticismo de Paulo: o Apóstolo* (São Paulo: Novo Século, 2003), de Albert Schweitzer. Segundo Schweitzer, o misticismo do apóstolo Paulo é caracterizado pela experiência profunda e transformadora de união com Cristo. Schweitzer argumenta que estar "em Cristo" é central à teologia e espiritualidade de Paulo. O misticismo se manifesta na ideia de que os crentes participam da morte e ressurreição de Cristo, sendo assim transformados e vivificados pelo Espírito Santo. Para Paulo, essa união mística com Cristo não é apenas uma experiência pessoal, mas uma realidade espiritual que redefine a identidade e a vida do cristão, impactando tanto a ética como a prática religiosa. Em Schweitzer, o misticismo de Paulo é mais ético do que carismático.

e professor-profeta profundamente envolvido em atividades de sinais, curas e milagres. Seu ministério e seu ensino foram marcados por uma poderosa manifestação do Espírito Santo, que incluía experiências místicas e demonstrações tangíveis do poder de Deus. Em todos os sentidos, o apóstolo Paulo faz parte de uma longa tradição que não enxerga a fé como mera proposição, dogma ou conjunto de conceitos abstratos, mas como uma experiência viva, intensa e marcadamente emocional.

Embora seja difícil analisar experiências alheias, especialmente as de um personagem histórico que viveu dois milênios atrás, há um componente ideológico que, muitas vezes, ignora o lado "exótico" do apóstolo Paulo. A teóloga Colleen Shantz observa que os ocidentais secularizados, incluindo teólogos, muitas vezes priorizam a consciência crítica em detrimento de outros tipos de consciência, como aquelas derivadas do êxtase.[3]

Precisamos compreender o contexto cultural e literário em que Paulo se formou porque o apóstolo não escreveu no vácuo. É importante conhecer a literatura que Paulo lia, porque ela formatou sua teologia e, obviamente, o que ensinou e o que cria no que diz respeito a profecias. Na prática da hermenêutica, isto é, da interpretação, precisamos conhecer o contexto histórico do autor original. O contexto histórico também envolve conhecer a teologia da qual ele se alimentava.

> **A teologia paulina não era apenas fruto de raciocínio intelectual, mas de suas experiências espirituais e de sua convicção na ação do Espírito Santo.**

Paulo formulou doutrinas fundamentais para a fé cristã, mas também teve experiências extáticas e visionárias que influenciaram sua teologia e prática ministerial. A teologia paulina não era apenas fruto de raciocínio intelectual, mas de suas experiências espirituais e de sua convicção na ação do Espírito Santo. O biblista Alan F. Segal,

---

[3] SHANTZ, Colleen. "Religious Experience". Em: SCHELLENBERG, Ryan S.; WENDT, Heidi. *T&T Clark Handbook to The Historical Paul*. Londres: T&T Clark, 2022. p. 234.

renomado professor de estudos judaicos, observa que Paulo integrou suas experiências místicas à sua teologia de maneira coerente. Ele não via a mística e a teologia separadamente, mas de forma interligada. As visões e revelações que Paulo experimentou formaram sua compreensão a respeito de temas como ressurreição, redenção e nova criação em Cristo.[4] Em Paulo, não há dicotomia entre teologia e experiência, doutrina e vivência, sistematização e espírito livre.

Assim, negligenciar o lado místico e carismático de Paulo empobrece a compreensão de sua teologia e contribuição para o cristianismo. Como afirma Jonas Machado:

> Uma coisa é afirmar que Paulo não tinha interesse em compartilhar tais experiências ou escrever sobre elas. [...] Mas é outra coisa concluir daí que tais experiências eram de pouca importância, notadamente porque a relutância em descrever as visões pode ser explicada justamente como parte de uma tradição mística em que os êxtases visionários tinham lugar central.[5]

A EXPERIÊNCIA MÍSTICA NA TEOLOGIA PAULINA

Paulo teve inúmeras experiências com visões, incluindo sua própria conversão (Atos 9:3-6). Ele encontrou-se com Cristo no caminho para Damasco e experimentou ali uma visão que transforma radicalmente sua vida. Essa experiência é tão significativa que Paulo a mencionou novamente em Atos 22:6-10 e 26:12-18, sublinhando a importância dela em seu chamado apostólico.

Outra visão importante é narrada em Atos 16:9-10, na qual um homem macedônio pede ajuda. Paulo interpreta essa visão como uma ordem divina para pregar o evangelho na Macedônia. Em Atos 18:9-10, durante seu ministério em Corinto, o Senhor falou-lhe em

---

4 SEGAL, Alan F. *Paulo, o convertido:* Apostolado e apostasia do Saulo fariseu. São Paulo: Paulus, 2010. p. 127-8.
5 MACHADO, Jonas. "Paulo, o visionário". Em: NOGUEIRA, Paulo Augusto de S. *Religião de visionários:* Apocalíptica e misticismo no cristianismo primitivo. Loyola, 2005. p. 177.

COMO ENTENDER O DOM DA PROFECIA HOJE?

outra visão, encorajando-o a continuar pregando. Em Atos 22:17-21, Paulo relatou mais uma visão que teve enquanto orava no templo, na qual Jesus lhe dizia para deixar Jerusalém porque os judeus não aceitariam seu testemunho. Em Gálatas 1:11-12, Paulo afirma que seu evangelho não foi recebido de algum homem, mas revelado por Jesus Cristo, destacando sua experiência direta e imediata com o Deus Filho.

Em 2Coríntios 12:1-6, Paulo relata uma experiência espiritual intensa, na qual foi arrebatado em Cristo ao terceiro céu e ouviu palavras inefáveis. Esse relato demonstra a influência que uma série de tradições místicas do judaísmo do primeiro século, tais quais a literatura apocalíptica e o fenômeno de visões e arrebatamentos celestiais, exerceu sobre o apóstolo.

Uma dessas tradições é a *Merkavá* ("carruagem"), uma antiga e complexa corrente mística judaica, que se desenvolveu por volta do século 1, baseada nas visões proféticas de Ezequiel sobre a carruagem divina, descritas em detalhes vívidos em Ezequiel 1 e 10.[6] Os místicos da Merkavá, também conhecidos como *Yordei Merkavá* ("aqueles que descem à carruagem"), buscavam intensamente experiências visionárias e meditativas que os transportassem espiritualmente à presença de Deus. Tais experiências envolviam, com frequência, uma jornada arquetípica através de múltiplos céus ou esferas celestiais, entendidos como níveis progressivos de ascensão espiritual e aproximação a Deus. O auge da experiência era a visão da Merkavá, a carruagem celestial que transporta a glória de Deus.[7]

Os místicos da Merkavá eram conhecidos como "mergulhadores do trono",[8] o que apresenta uma dimensão teológica que não percebe Deus apenas como "elevado", mas como "profundo". É o Deus que cerca e envolve. "Pois nele vivemos, nos movemos e existimos", disse Paulo (Atos 17:28). Essa dimensão questiona a noção de um

---

[6] REHFELD, Walter. *Introdução à mística judaica*. São Paulo: Loyola, 2015. p. 19.

[7] SCHOLEM, Gershom. *Jewish Gnosticism, Merkabah Mysticism, and Talmudic Tradition*. 2. ed. Nova York: The Jewish Theological Seminary of America, 1965. p. 14-9.

[8] BARKER, Margaret. *O profeta perdido*: O Livro de Enoque e sua influência sobre o cristianismo. São Paulo: É Realizações, 2021. p. 103.

Deus distante e inacessível, e promove uma espiritualidade mais íntima e relacional. Além disso, reforça a ideia de uma presença divina constante e imersiva em todos os aspectos da vida humana.

Outra tradição relevante é a *Hekhalot*, literatura mística que narra ascensões aos palácios celestiais de Deus. Nela, os místicos descrevem suas visões das glórias celestiais e os segredos divinos que lhes foram revelados. Esses segredos incluem nome de anjos, estruturas dos céus e leis espirituais que governam o universo. Essa informação é considerada perigosa e poderosa, acessível apenas aos poucos que são espiritualmente preparados. O conhecimento não pode ser divulgado a não iniciados, sendo mantido em sigilo para proteger tanto o místico como a comunidade.

De maneira similar, a vasta e diversificada literatura apocalíptica judaica descreve, em detalhes vívidos e simbólicos, experiências de revelações celestiais em que os visionários, geralmente profetas ou líderes religiosos, recebem conhecimento secreto e esotérico sobre o futuro e o destino da humanidade, além de testemunharem realidades transcendentais e divinas. Esses textos apocalípticos também falam de encontros com seres angelicais, como arcanjos e querubins — uma experiência semelhante à que Paulo descreve em 2Coríntios. Sua visão, portanto, pode ser interpretada como uma continuidade dessas ricas tradições judaicas.

O fato de Paulo falar em terceira pessoa também ressoa com as tradições do misticismo judaico. Por exemplo, no livro 1Enoque, o patriarca Enoque frequentemente narra suas visões e experiências místicas de maneira indireta, descrevendo o que viu e ouviu sem se colocar explicitamente como o protagonista desses episódios. Essa forma de narrativa era comum entre os escritores místicos judaicos para conferir uma aura de humildade e mistério às experiências visionárias. Também tinha como objetivo evitar a autoglorificação, enfatizando a origem divina das revelações e diminuindo seu próprio papel como receptor. Quando Paulo relata sua experiência, fala de "um homem em Cristo", demonstrando a modéstia característica das tradições místicas judaicas.

Paulo em êxtase

Em seu êxtase, Paulo sofreu uma confusão espacial quanto a estar no corpo ou fora dele. Esse relato sublinha quão paradoxal e indescritível foi sua experiência mística. Ele tenta comunicar algo que ultrapassa a capacidade verbal, buscando termos que expressem a complexidade e a profundidade do que vivenciou. Essa ambiguidade não apenas mostra o quanto é difícil transmitir experiências espirituais profundas em linguagem comum, como também sugere que essas experiências transcendem as barreiras normais da existência física.

Na mística do Judaísmo do Segundo Templo, os anjos guardiões do templo celestial são descritos como seres poderosos que protegem os segredos e a santidade do reino celestial. Os místicos que faziam viagens aos céus se deparavam com esses poderosos seres, como observa a cientista da religião Sebastiana Nogueira:

> Cada palácio possui guardiões diante de seus portões, um do lado direito e outro do lado esquerdo. O nome de Deus tem que ser pronunciado em frente de cada guarda dos sete palácios, tanto para a descida como para a subida. [9]

Textos como o Livro de Enoque e os Manuscritos do Mar Morto apresentam esses anjos como intermediários entre Deus e a humanidade, frequentemente encarregados de guardar os mistérios divinos e guiar os justos, especialmente em viagens de arrebatamento.

Força na fraqueza

Paulo testemunha que, "Para impedir que eu me exaltasse por causa da grandeza dessas revelações, foi-me dado um espinho na carne, um mensageiro de Satanás, para me atormentar" (2Coríntios 12:7). Esse "mensageiro de Satanás" pode ser interpretado como um paralelo negativo aos anjos guardiões descritos no misticismo judaico. Enquanto os anjos guardiões protegem e

---

[9] NOGUEIRA, Sebastiana Maria Silva. *Viagem aos céus e mistérios inefáveis:* A religião de Paulo de Tarso. Paulus, 2016. p. 33.

PROFECIA NO CONTEXTO DA TEOLOGIA CARISMÁTICA DE PAULO

promovem a santidade, o mensageiro de Satanás, com a permissão de Deus, tem o propósito de humilhar e afligir Paulo, mantendo-o dependente da graça de Deus. Ambas as figuras — os anjos guardiões e o mensageiro de Satanás — operam em contextos de proteção e vigilância. Os anjos guardiões do misticismo judaico protegem o templo celestial e os mistérios divinos, enquanto o mensageiro de Satanás atua para evitar que Paulo se torne orgulhoso ou se sinta autossuficiente por causa das suas experiências místicas e revelações.[10]

O apóstolo relata sua experiência carismática e mística com certo constrangimento. Embora fosse real, Paulo não quer se gloriar de sua experiência, pois se lembra dos riscos da vaidade. Para ele, não fazia sentido ostentar experiências espirituais como meio de afirmar sua autoridade apostólica. Ele prefere se gloriar nas fraquezas para que o poder de Cristo repouse sobre ele, porque é em sua fraqueza que o poder de Cristo se aperfeiçoa.

Essa postura contrasta com a dos superapóstolos, que se vangloriavam de suas visões e revelações. Paulo reconhece que seus inimigos desdenharam até de sua oratória, considerando-a fraca e desprezível (2Coríntios 10:10). Eles argumentavam que a presença física e a fala de Paulo não impressionavam. Em resposta, o apóstolo destaca que as verdadeiras marcas do apostolado são a fidelidade ao evangelho e o sofrimento por Cristo, não as experiências místicas nem as habilidades retóricas (11:23-30). Paulo deseja que os coríntios entendam que a autenticidade de seu apostolado é comprovada por sua vida de serviço sacrificial e pela presença do poder de Cristo em suas fraquezas (12:9-10), pois a eficácia do ministério depende unicamente do poder de Deus, que opera por meio da fraqueza humana (1Coríntios 2:1-5).

---

[10] A literatura mística judaica contém numerosas referências aos anjos guardiões do templo celestial. No Sefer Hekhalot (3Enoque), Metatron guarda o sétimo palácio celestial, enquanto os Shomrei HaSha'arim protegem as entradas dos sete palácios. O Ma'aseh Merkavah descreve anjos ferozes que exigem "selos" (nomes divinos secretos) para permitir a passagem. O Hekhalot Rabbati menciona os Chayot guardando o Trono da Glória e os Ofanim como rodas de fogo protetoras. O Sefer Yetzirah alude aos "32 Caminhos da Sabedoria", frequentemente associados a entidades angélicas guardiãs. O Zohar cita Miguel, Gabriel, Rafael e Uriel como guardiões do Trono Divino, além dos Serafim que o circundam.

Na vida e no ministério, é fácil cair na armadilha de buscar reconhecimento por meio de feitos espetaculares ou habilidades notáveis.

Na vida e no ministério, é fácil cair na armadilha de buscar reconhecimento por meio de feitos espetaculares ou habilidades notáveis. Podemos ser tentados a nos gloriar de nossas realizações, das experiências espirituais que tivemos ou das profecias que recebemos, acreditando que elas validam nossa autoridade ou importância. No entanto, a mensagem de Paulo nos desafia a reconhecer que a verdadeira força vem da fraqueza e dependência de Cristo.

A GLOSSOLALIA NA TEOLOGIA PAULINA

O lado carismático de Paulo também é evidente em sua prática ministerial. Ele frequentemente operava sinais e maravilhas, como a cura de enfermos e a expulsão de demônios, evidenciando o poder do Espírito Santo em seu ministério (Atos 19:11-12). Suas cartas revelam uma teologia do Espírito que enfatiza os dons espirituais (1Coríntios 12—14) e a vida no Espírito (Romanos 8).

Mas é na glossolalia, ou seja, no falar em línguas, que a verve carismática de Paulo fica evidente. O apóstolo diz aos coríntios que falava em línguas mais do que todos (1Coríntios 14:18), incentiva a comunidade a falar em línguas e interpretá-las, e relata sua expectativa de que a igreja entoe cânticos espirituais, ou seja, cânticos em línguas (1Coríntios 14:15; Efésios 5:19; Colossenses 3:16), remontando à tradição dos profetas e visionários veterotestamentários.

A glossolalia é uma derivação da profecia, um elo na comunicação entre a terra e o céu. Ela também tem caráter escatológico, apontando para a linguagem diversa, porém unificada, da eternidade.

É comum que teólogos tradicionais e cessacionistas[11] argumentem que a língua dos anjos, mencionada em 1Coríntios 13:1,

---

[11] O cessacionismo entende que determinados dons do Espírito Santo deixaram de existir no decorrer da história da igreja. [N. E.]

PROFECIA NO CONTEXTO DA TEOLOGIA CARISMÁTICA DE PAULO

é apenas uma hipérbole, uma figura de linguagem. Embora isso seja possível, a expressão "línguas dos anjos" é mais bem interpretada como glossolalia.

Paulo não foi o primeiro a usar a expressão no contexto judaico. Ele usa uma expressão presente na literatura do Judaísmo Segundo Templo, especialmente nos livros Testamento de Jó (49:2), Livro de Enoque Etíope (71:11), Apocalipse de Sofonias (8:2), Ascensão de Isaías (7:27) e Apocalipse de Abraão (17:1-21). Como judeu e fariseu culto, Paulo teve acesso a esses livros em sua formação teológica, fosse com textos escritos, fosse pela tradição oral.[12]

O livro Testamento de Jó é um texto apócrifo que retrata uma visão expandida da história de Jó, incluindo elementos místicos e apocalípticos. Lê-se em uma passagem:

> Depois dessas coisas, levantei-me, e, depois de fazer um sacrifício de louvor ao Deus dos anjos, meus filhos dormiram por três dias e três noites, e, após esses dias, eles me relataram o que viram. A aparência de seus rostos foi mudada para outra forma, de modo que eu poderia entender que eles estavam falando com a voz dos anjos e cantando hinos que os anjos cantam. (Testamento de Jó 49:2)

A tradição rabínica também menciona o rabino Yochanan ben Zakkai, um "homem piedoso que podia compreender a língua dos anjos". Nos Cânticos do Sacrifício de Sábado, um texto contemporâneo ao Novo Testamento, fala-se de "línguas de conhecimento" em contraponto à "língua no pó", que é a nossa linguagem comum (1:6-8). Assim, à luz do contexto judaico de Paulo, "língua dos anjos" não era apenas uma hipérbole para tornar o texto retórico, mas uma possibilidade.

Alguns afirmam que o falar em línguas era um episódio *xenolálico*, como aconteceu em Atos 2, e tem por objetivo o evangelismo e o testemunho de Jesus. Na xenolalia, falam-se línguas humanas. Foi o que aconteceu em Atos 2, episódio em que ouvintes de diversas

---

[12] Para saber mais, consulte SIQUEIRA, Gutierres. *Revestidos de Poder* (Rio de Janeiro: CPAD, 2018) e *Pneumatologia* (Rio de Janeiro: Thomas Nelson Brasil, 2023).

COMO ENTENDER O DOM DA PROFECIA HOJE?

nações, presentes em Jerusalém, compreenderam a mensagem que os discípulos transmitiam em sua próprio língua. Embora seja debatido se o milagre foi apenas de fala (xenolalia pura) ou duplo, de fala e audição (glossolalia interpretada em xenolalia), a situação apresentada em 1Coríntios 12—14 é diferente. Em momento algum a Bíblia afirma que o único propósito de falar em línguas é a evangelização, embora a inclua. Em 1Coríntios, falar em línguas ganha conotações de louvor e oração (14:14-15). Faço a mesma pergunta de Sam Storms, teólogo calvinista carismático:

> Se o falar em línguas é sempre numa língua estrangeira com o objetivo de ser um sinal para não cristãos ou uma ferramenta evangelística, por que as línguas de Atos 10 e Atos 19 são faladas na presença de cristãos somente?[13]

Línguas e mistérios

A glossolalia em Corinto ocorria no ambiente do culto, e Paulo enfatiza a necessidade de interpretar as línguas para que a igreja seja edificada, (1Coríntios 14:27-28), pois quem fala em línguas, "fala em mistérios" (v. 2). O termo grego é *mysteria*, e se refere a segredos, ou verdades ocultas, de natureza divina ou espiritual.

No contexto helenístico e judaico, *mysteria* frequentemente denotava conhecimento ou revelação que não era acessível à compreensão de todos, mas revelado por meio de experiências espirituais ou rituais. Esses "mistérios" não poderiam ser compreendidos pelo intelecto humano sem a ajuda de uma interpretação divina.

O conceito paulino de "intérprete de mistérios" se insere nesse pano de fundo cultural e religioso. Quando Paulo fala da necessidade de um intérprete para as línguas (1Coríntios 14:27-28), ele está se posicionando dentro de uma tradição bem estabelecida tanto na cultura grega como na judaica. Ele reconhece que, para que os mistérios espirituais sejam compreendidos e edifiquem a

---

[13] STORMS, Sam. *Entendendo os Dons Espirituais*. Rio de Janeiro: Thomas Nelson Brasil, 2024. p. 102.

PROFECIA NO CONTEXTO DA TEOLOGIA CARISMÁTICA DE PAULO

comunidade, é necessário que alguém com o dom de interpretação — um intérprete energizado pelo Espírito Santo — torne esses segredos acessíveis e úteis para todos. Assim, o dom de interpretação de línguas só faz sentido se o falar em línguas for glossolálico. Corinto era uma cidade portuária cosmopolita, onde era comum ouvir idiomas estrangeiros pelas ruas. Se o falar em línguas mencionado por Paulo fossem idiomas humanos conhecidos da comunidade cristã, não haveria necessidade de interpretação sobrenatural. Bastaria que o falante saísse às ruas para que fosse entendido.

O conceito de interpretação de mistérios está presente tanto na tradição judaica como na helenística. Na tradição judaica, encontramos exemplos nos textos apocalípticos e na literatura de Qumran, nos quais os mistérios divinos são revelados em visões e sonhos, como lemos no livro de Daniel (2:19-23). Exemplos apócrifos incluem o Livro de Enoque, em que segredos do céu são revelados a Enoque (1-3), e o Testamento de Levi, que descreve visões celestiais e a necessidade de interpretação (2:1-5). Em Sabedoria de Salomão, o conceito de mistérios divinos também é destacado, indicando que a sabedoria permite compreender os mistérios de Deus (8:4-7).

No que diz respeito à interpretação de linguagem extática, isto é, linguagem em êxtase, há exemplos específicos do Antigo Testamento e na literatura do Judaísmo do Segundo Templo. O profeta Ezequiel relata visões extáticas que exigem interpretação (Ezequiel 1:1-28). A literatura de Qumran, por sua vez, contém hinos e orações que mencionam experiências extáticas e a necessidade de interpretá-las (1QH 12:11-13). O Apocalipse de Abraão também descreve experiências extáticas de Abraão, nas quais recebe revelações que necessitam de interpretação (Apocalipse de Abraão 15:3-7).

No contexto helenístico, os mistérios estão frequentemente associados a cultos de mistério, como os de Elêusis, nos quais rituais e símbolos enigmáticos eram interpretados para iniciados.[14] Esses elementos culturais contextualizam a necessidade de interpretação das línguas na igreja, pois indicam que tais discursos envolvem

---

[14] BURKERT, Walter. *Ancient Mystery Cults*. Cambridge: Harvard University Press, 1987. p. 44.

COMO ENTENDER O DOM DA PROFECIA HOJE?

mistérios espirituais que requerem esclarecimento sobrenatural a fim de que a comunidade seja edificada.

PROFETAS COM HARPAS

A glossolalia se liga à profecia no tema dos "cânticos espirituais", prática conhecida nos avivamentos carismáticos. Nos textos de Efésios 5:19 e Colossenses 3:16, o apóstolo Paulo fala de "cânticos espirituais". Autores cessacionistas, como o teólogo John MacArthur, entendem a expressão como referência aos salmos judaicos ou a "músicas de testemunho de salvação".[15] Essas interpretações, no entanto, refletem um compromisso com determinada confessionalidade, o que leva a leituras criativas e, muitas vezes, restritivas do texto bíblico.

Diversos textos do Antigo Testamento sugerem que a música e o canto eram usados não apenas para adoração, mas também como forma de profecia. Em 1Samuel 10:5-6, Saul encontra um grupo de profetas profetizando com instrumentos musicais. Em 2Samuel 23:1-2, Davi se apresenta como o "cantor dos cânticos de Israel", por meio de quem "o Espírito do Senhor falou". 1Crônicas 25:1-6, lista os filhos de Asafe, de Hemã e de Jedutum, que profetizavam ao som de harpas, liras e címbalos. O próprio Asafe, o conhecido salmista hebreu, era "vidente", ou seja, um profeta que tinha visões (2Crônicas 29:30).

Seguindo a tradição judaica, o próprio apóstolo Paulo associa a glossolalia à música (1Coríntios 14:15). Assim, quando fala de "cânticos espirituais", o apóstolo está falando de uma experiência carismática, ou melhor, de uma doxologia carismática.[16] Todas as vezes que o apóstolo usa o adjetivo grego *pneumatikos* (espirituais) em contextos litúrgicos, ele se refere aos dons do Espírito (Romanos 1:11; 1Coríntios 12:1; 14:1,37).

Os cânticos espontâneos não são uma inovação do pentecostalismo, mas uma tradição bíblica sólida. O teólogo patrístico João

---

[15] MACARTHUR, John. *Ephesians:* The MacArthur New Testament Commentary. Chicago: Moody, 1986. p. 259.

[16] MENZIES, Robert P. *Glossolalia:* Jesus e a Igreja Apostólica como modelos sobre o dom de línguas. Natal: Carisma, 2019. p. 181-2.

Crisóstomo (347–407) descreveu um culto de sua época: "O profeta fala e todos nós respondemos a ele. Todos nós fazemos eco às suas palavras. Formamos juntos um só coro. Nisso, a terra imita os céus. Essa é a nobreza da Igreja".[17] O biblista Larry Hurtado, teólogo anglicano, em sua magistral obra *Senhor Jesus Cristo*, diz que os cânticos cristológicos dos primeiros cristãos não surgiram com músicos profissionais, mas nasceram na "força dos oráculos proféticos".[18]

LITURGIA CÓSMICA

O elo entre a glossolalia e a profecia é a expectativa eterna. A escatologia é o estudo das últimas coisas, ou, em bom português, o estudo sobre o fim dos tempos. Os dons espirituais como um todo possuem um caráter intrinsecamente escatológico. Eles revelam a realidade do reino de Deus no presente, mas também são sinais da era vindoura, manifestando a presença do Espírito Santo e antecipando a consumação final da história redentora. A prática e a existência dos dons espirituais dentro da comunidade cristã testemunham a tensão entre o "já" e o "ainda não" do reino de Deus.

Na perspectiva do Antigo Testamento, muitas profecias apontavam para um futuro Dia do Senhor, um tempo de julgamento e restauração. Essas profecias frequentemente mesclavam expectativas de curto prazo (como o retorno do exílio) com visões de longo prazo sobre o reino messiânico e a redenção final. Isso cria uma tensão escatológica que permeia toda a narrativa bíblica. O Novo Testamento reinterpreta e expande essas profecias à luz da vinda de Cristo. Mas, tanto no Antigo como no Novo Testamento, a profecia é uma espécie de portal entre o presente e o futuro, entre o "já" e o "ainda não", entre a terra e o céu.

Nesse contexto, todos os dons espirituais são "primícias" ou antecipações parciais da plenitude que virá (Romanos 8:23). São sinais tangíveis da continuidade entre a era presente e a era vindoura,

---

[17] WEBBER, Robert. *The Complete Library of Christian Worship*. Nashville: Star Song, 1994. p. 283.
[18] HURTADO, Larry W. *Senhor Jesus Cristo*. São Paulo: Paulus, 2012. p. 114

lembrando-nos constantemente de nossa esperança escatológica e do papel ativo do Espírito Santo na história da salvação.

Em sua visão escatológica, o apóstolo Paulo via a igreja terrena como parte de uma comunidade maior e celestial, na qual seres humanos e anjos se unem para glorificar a Deus. Em sua epístolas, o apóstolo alude à presença e à participação dos anjos na adoração. Em 1Coríntios 11:10, ele menciona que a mulher deve ter um sinal de autoridade na cabeça "por causa dos anjos", sugerindo que eles observam a adoração comunitária. Em Efésios 3:10, Paulo afirma que "mediante a igreja, a multiforme sabedoria de Deus se tornasse conhecida dos poderes e autoridades nas regiões celestiais", sugerindo que os anjos estão atentos à revelação divina que ocorre por meio da igreja, indicando uma interação contínua entre a adoração terrena e a celestial. Em Colossenses 3:16 e Efésios 5:19, Paulo ainda encoraja os crentes a cantarem "salmos, hinos e cânticos espirituais", uma prática que se alinha com a ideia de uma liturgia cósmica, na qual o canto e a adoração não são meros eventos terrestres, mas uma sequência da adoração celestial.

O autor aos Hebreus faz uma das mais lindas descrições da liturgia cósmica. Depois de relatar que Cristo, em seu sacrifício, adentrou no santuário celeste, ele diz:

> vocês chegaram ao monte Sião, à Jerusalém celestial, à cidade do Deus vivo. Chegaram aos milhares de milhares de anjos em alegre reunião, à igreja dos primogênitos, cujos nomes estão escritos nos céus. Vocês chegaram a Deus, juiz de todos os homens, aos espíritos dos justos aperfeiçoados, a Jesus, mediador de uma nova aliança, e ao sangue aspergido, que fala melhor do que o sangue de Abel. (12:22-24)

Observe que o texto usa o tempo passado "vocês chegaram". "O povo de Deus ainda é um povo peregrino, trilhando a 'estrada para Sião', mas, em virtude da promessa segura dele, eles já chegaram lá em espírito", observa F. F. Bruce.[19] Embora seja uma realidade futura, em Cristo já participamos da celebração celestial.

---

[19] BRUCE, F. F. *Hebreus*: comentário exegético. São Paulo: Vida Nova, 2023. p. 438.

PROFECIA NO CONTEXTO DA TEOLOGIA CARISMÁTICA DE PAULO

A liturgia cósmica também está presente no Apocalipse, particularmente nas visões dos capítulos 4 e 5, que revelam uma adoração celestial que transcende a criação, refletindo a soberania de Deus e a redenção operada pelo Cordeiro. João, transportado ao céu, descreve um trono cercado por 24 anciãos e quatro seres viventes, que continuamente louvam a santidade e o poder de Deus (4:8-11). Essa adoração, centrada no trono e no Cordeiro, simboliza a autoridade divina sobre a criação e a obra redentora de Cristo, o qual é digno de abrir o livro selado (5:9-10). A estrutura litúrgica desses capítulos, com hinos e aclamações, sublinha a interconexão entre a ordem celestial e a história humana, segundo a qual a justiça e a soberania de Deus são afirmadas perante o cosmos (5:13-14).

A inclusão da igreja nas visões de adoração cósmica, quando as orações dos santos, representadas pelo incenso, se elevam diante de Deus (5:8), reflete a teologia do sacerdócio universal dos crentes. A participação ativa da comunidade redimida na liturgia celestial oferece uma esperança escatológica e uma dimensão missional à fé cristã. A adoração universal ao Cordeiro aponta para a consumação da história redentora, na qual toda criatura reconhecerá a soberania divina (5:13).

"Quando a glória da igreja sobe, a glória do céu desce." Conscientes ou não, pentecostais e carismáticos, ao afirmarem tal coisa, anseiam pela ligação entre o culto celestial e o culto na igreja. A expectativa pentecostal reflete uma compreensão intuitiva da liturgia cósmica, na qual a adoração terrena, feitas por seres humanos, e a celestial, prestada por anjos, convergem. Embora raramente utilizem termos como "liturgia cósmica", pentecostais e carismáticos vivenciam essa realidade em suas experiências litúrgicas. Eles falam de momentos em que "a presença de Deus é palpável", ou em que sentem que "os anjos estão cantando conosco". Na prática, isso se manifesta de diversas formas: na expectativa de ouvir uma "palavra viva" durante a pregação, na abertura para receber profecias diretas do Espírito Santo e na disposição para orar e adorar em línguas desconhecidas. Cada um desses elementos é um ponto de contato entre o reino celestial e o terreno, permitindo que os

COMO ENTENDER O DOM DA PROFECIA HOJE?

adoradores experimentem, ainda que parcialmente, a realidade do culto eterno que ocorre diante do trono de Deus (Apocalipse 4—5). Parafraseando o bispo Joseph Ratzinger, o culto só é culto de fato quando adentra o culto celestial.[20]

OS SÁBIOS NO PARAÍSO

A história "Os quatro que entraram no Paraíso" é uma narrativa mística, encontrada no Talmude Babilônico,[21] que relata a jornada espiritual de quatro sábios ao pardes, um reino celestial. Diz o texto:

> Quatro homens entraram no pardes — Ben Azzai, Ben Zoma, Acher Elisha ben Abuyá e o rabino Aquiba. Ben Azzai olhou e morreu; Ben Zoma olhou e enlouqueceu; Acher destruiu as plantas; Aquiba entrou em paz e partiu em paz.[22]

Destruir as plantas do Templo celestial, no contexto, é interpretado como apostasia. Paulo, ao que tudo indica, teve acesso a uma versão primitiva e oral dessa história.

O relato diz que Ben Azzai, ao olhar para a visão divina, morreu imediatamente, enquanto Ben Zoma enlouqueceu devido à intensidade da experiência. Acher Elisha ben Abuyá, ao testemunhar algo que abalou sua fé, tornou-se apóstata, desviando-se dos ensinamentos judaicos tradicionais. Apenas Rabi Akiva conseguiu entrar e sair em paz, simbolizando a preparação espiritual adequada e a resiliência necessárias para enfrentar tais visões místicas sem consequências negativas.

[20] "A liturgia terrena é liturgia pelo fato — e só pelo fato — que se insere naquilo que já está em ato, naquilo que é maior". RATZINGER, Joseph. *Teologia da Liturgia*. Brasília: CNBB, 2019. p. 511.

[21] O Talmude é uma compilação central de leis, tradições, debates e ensinamentos rabínicos do judaísmo, composta por duas partes principais: a Mishná (coleção de leis orais) e a Guemará (comentários e discussões sobre a Mishná). Existem duas versões do Talmude: o Talmude Babilônico e o Talmude de Jerusalém.

[22] O texto pode ser encontrado no Sefaria, maior portal do Talmud, disponível em inglês. Tosefta Chagigah 2:2. Sefaria. Disponível em: https://www.sefaria.org/Tosefta_Chagigah.2.2?vhe=Tosefta_Chagigah_-_Machon_Mamre&lang=en&with=About&lang2=en. Acesso em: 15 jun. 2024.

PROFECIA NO CONTEXTO DA TEOLOGIA CARISMÁTICA DE PAULO

Para os rabinos, essa história serve como uma advertência sobre os perigos e as responsabilidades da busca espiritual extrema do êxtase. Ela destaca a necessidade de preparação espiritual para evitar consequências trágicas, como a morte, a loucura ou a perda de fé. Rabi Akiva, na tradição, emerge como um modelo de equilíbrio e sabedoria, demonstrando que, com as devidas preparação e humildade, é possível explorar reinos espirituais elevados enquanto se mantém a integridade e a sanidade.

O estudioso Christopher Morray-Jones traça paralelos entre o relato visionário de Paulo e a história dos quatro que entraram no Paraíso. Ele observa que ambos os relatos envolvem a ascensão a um reino celestial, na qual se dá um encontro com mistérios divinos. O estudioso também destaca as semelhanças entre o "espinho na carne" de Paulo, interpretado como um "anjo de Satanás", e os "anjos da destruição" enfrentados pelo rabino Akiva.[23]

---

[23] MORRAY-JONES, Christopher R.A. "The Ascent into Paradise (2Cor 12:1-12): Paul's Merkava Vision and Apostolic Call". Em: BIERINGER, Reimund; NATHAN, Emmanuel; POLLEFEYT, Didier; TOMSON, Peter J. (orgs.). *Second Corinthians in the Perspective of Late Second Temple Judaism*. Leiden: Brill, 2014. p. 205-20.

PARTE 2:

A PROFECIA
HOJE

● CAPÍTULO 5

A necessidade da profecia hoje: uma resposta ao cessacionismo

O cessacionismo é a posição teológica que afirma que certos dons espirituais, particularmente os chamados dons "miraculosos" ou "de sinais", cessaram após a era apostólica ou o fechamento do cânon bíblico. Houve um tempo em que ser cessacionista era sinal de sofisticação teológica. Alguns cessacionistas ainda hoje vivem nessa "glória" do passado, como a personagem Norma Desmond no filme *Crepúsculo dos Deuses* (Billy Wilder, 1950): uma vaidosa atriz aposentada, que revive constantemente os teatros cheios no auge da beleza e do talento de sua juventude.

Costumo brincar dizendo que o cessacionismo está cessando. O consenso acadêmico tem se inclinado cada vez mais para uma interpretação continuísta das Escrituras, reconhecendo a falta de evidências bíblicas sólidas para o cessacionismo. Estudos exegéticos aprofundados e uma compreensão mais ampla do contexto histórico e cultural do Novo Testamento têm fortalecido a posição continuísta.[1] Além disso, a crescente influência global de movimentos

---

[1] Veja, por exemplo, DUNN, James D. G. *Jesus and The Spirit*. Grand Rapids: Eerdmans, 1975. CARSON, Donald A. *A manifestação do Espírito*. São Paulo: Vida Nova, 2013. KENNER, Craig. *O Espírito nos Evangelhos e em Atos*. São Paulo: Vida Nova, 2018. KENNER, Craig. *Comentário exegético Atos*: Volume 1. Rio de Janeiro: CPAD, 2022. TURNER, Max. *The Holy Spirit and Spiritual Gifts*: Then and Now. Carlisle: Paternoster, 1996. FEE, Gordon D. *God's Empowering Presence*: The Holy Spirit in the Letters of Paul. Peabody: Hendrickson, 1994. LEVISON, John R. *Filled with the Spirit*. Grand Rapids: Eerdmans, 2009. MENZIES, Robert. *Empoderados*

UMA TEOLOGIA "MODERNA" DEMAIS

Talvez o maior equívoco do cessacionismo seja fazer uma separação rígida entre dons espirituais e o que chamam de dons extraordinários. Essa categorização artificial não encontra respaldo no texto bíblico e leva a uma compreensão distorcida da natureza e do propósito dos dons espirituais. Paulo, ao listar os dons em passagens como 1Coríntios 12 e Romanos 12, não estabelece distinção entre dons "ordinários" e "extraordinários". Em Romanos 12, por exemplo, o dom de profecia é mencionado junto com os dons de ensino, administração e misericórdia (v. 5-8). Em 1Coríntios 12:8, os dons de socorro e administração estão listados ao lado dos dons de milagres, cura e glossolalia.

A própria distinção entre ordinário e extraordinário é mais cosmovisão moderna do que bíblica. A cosmovisão bíblica não compartimenta o natural e o sobrenatural da mesma forma que o pensamento ocidental moderno tende a fazer. Na perspectiva bíblica, a realidade espiritual e a material estão intrinsecamente entrelaçadas, e a ação de Deus no mundo não é uma interrupção ocasional de um curso "normal" dos eventos, mas uma presença constante e ativa. Essa visão integrada do mundo desafia a noção de que certos dons são mais "extraordinários" ou "milagrosos" que outros, sugerindo, em vez disso, que todas as manifestações do Espírito são igualmente supranaturais em sua origem e seu propósito.

> **Na perspectiva bíblica, a realidade espiritual e a material estão intrinsecamente entrelaçadas.**

---

para testemunhar: O Espírito em Lucas-Atos. Natal: Carisma, 2021. STRONSTAD, Roger. *A teologia carismática de Lucas.* Rio de Janeiro: CPAD, 2018.

O cessacionismo é uma teologia "moderna" demais. Ela depende de pressupostos iluministas que, ironicamente, contradizem a própria natureza revelacional da fé cristã. Primeiramente, o cessacionismo adota uma hermenêutica racionalista que é estranha ao texto bíblico. Ao afirmar que os dons miraculosos cessaram com o fim da era apostólica, os cessacionistas impõem uma estrutura interpretativa que não emerge naturalmente da exegese das Escrituras. Pelo contrário, uma leitura atenta dos textos neotestamentários, especialmente das epístolas paulinas e do livro de Atos, revela uma expectativa clara de que o Espírito Santo continue a operar de forma carismática na igreja.

Além disso, o cessacionismo parece ignorar o caráter progressivo e dinâmico da revelação bíblica. A narrativa das Escrituras apresenta um Deus que continua a se revelar e a agir de maneira supranatural ao longo da história da redenção. A ideia de que Deus subitamente cessaria sua atividade miraculosa após o período apostólico não apenas carece de base bíblica, mas também contradiz o padrão de ação divina revelado nas Escrituras.

É particularmente problemático o modo como o cessacionismo tende a domesticar o Espírito Santo, confinando sua ação a limites predeterminados por uma teologia sistemática que prioriza a ordem e a previsibilidade em detrimento da liberdade e do dinamismo característicos da pneumatologia bíblica. Isso resulta em uma eclesiologia empobrecida, que não reflete adequadamente a vitalidade e a diversidade de dons espirituais descritos no Novo Testamento.

DOM PRECISA SER BUSCADO

O Novo Testamento apresenta a profecia como um dom esperado e desejável para a igreja. Paulo exorta: "busquem com dedicação os dons espirituais, principalmente o dom de profecia" (1Coríntios 14:1b). O que a NVI traduz como "busquem com dedicação" vem do grego *zēloute* e indica uma busca intensa, apaixonada e zelosa.[2]

---

[2] ARNDT, William; DANKER, Frederick W.; BAUER, Walter et al. *A Greek-English lexicon of the New Testament and other early Christian literature*. Chicago: University of Chicago Press, 2000. p. 427.

COMO ENTENDER O DOM DA PROFECIA HOJE?

Esse verbo grego transmite a ideia de um desejo ardente, um empenho fervoroso ou uma dedicação entusiástica. Não se trata de uma busca casual ou indiferente, mas de um esforço concentrado e determinado. Essa instrução não vem com data de validade ou limitação temporal. Pelo contrário, ela apresenta os dons, incluindo a profecia, como elementos essenciais para a edificação contínua do corpo de Cristo.

Como vimos, o propósito da profecia é a edificação, a exortação e a consolação da igreja (1Coríntios 14:3). Essas necessidades não cessaram com o fechamento do cânon bíblico. A igreja contemporânea ainda precisa de orientação, encorajamento e conforto específicos para suas circunstâncias únicas. O dom de profecia, operando em harmonia com as Escrituras, fornece direção divina contextualizada, ajudando a igreja a aplicar os princípios bíblicos de maneira relevante e eficaz em suas circunstâncias particulares.

É importante distinguir entre a revelação canônica (finalizada com o fechamento das Escrituras) e a revelação contínua, que se dá por meio através da profecia. A profecia moderna não adiciona nada à Escritura, mas aplica e atualiza a verdade bíblica para situações específicas.

A profecia de Joel, citada por Pedro em Atos 2, fala de um derramamento do Espírito nos "últimos dias", resultando em profecias, visões e sonhos. Como qualquer estudante de teologia sabe, no Novo Testamento, a expressão "últimos dias" significa o período entre a primeira vinda de Cristo e sua segunda vinda. Essa era, também conhecida como "era da igreja" ou "era messiânica", é caracterizada pela atividade contínua do Espírito Santo entre os crentes. A interpretação de Pedro da profecia de Joel, como tendo se cumprido em Pentecostes, indica que ele percebia aquele evento como o início de uma nova era espiritual, e não como um fenômeno isolado ou temporário. O apóstolo não sugere que o derramamento do Espírito seria limitado apenas à geração apostólica ou a um curto período após a ascensão de Cristo. Além disso, a natureza abrangente da profecia, que diz que o Espírito será derramado "sobre todos os povos", sugere uma aplicação ampla e contínua, não restrita a um grupo específico ou a um período limitado. A profecia faz parte da era messiânica.

FRAQUEZAS DO CESSACIONISMO

O argumento cessacionista historicamente se baseava em uma interpretação restritiva de 1Coríntios 13:8-12, sugerindo que as profecias cessariam quando o "perfeito" chegasse — sendo esse "perfeito" interpretado como a finalização do cânon. Hoje, poucos cessacionistas fazem esse apelo. O contexto bíblico sugere que o "perfeito" se refere à volta de Cristo ou à consumação final do reino, não à conclusão do cânon, uma interpretação mais coerente com o contexto imediato e com a teologia paulina. Além disso, a analogia que Paulo usa logo em seguida, em que compara o conhecimento atual a um reflexo obscuro em um espelho, e o conhecimento futuro à visão face a face, sugere uma distinção entre a experiência presente e imperfeita da igreja e a plenitude do conhecimento que só será alcançada na presença direta de Deus.

A visão de Paulo da igreja como um corpo vivo e dinâmico, apresentada em 1Coríntios 12, depende intrinsecamente da operação diversificada dos dons espirituais, sem fazer distinção entre dons "ordinários" e "extraordinários". Podemos afirmar que a eclesiologia paulina ficaria "capenga" sem os dons espirituais. Como observou o teólogo suíço Hans Küng: "O redescobrimento dos carismas é um redescobrimento da eclesiologia especificamente paulina",[3] A ênfase na interdependência dos membros e na necessidade de cada dom para o funcionamento saudável da igreja indica que a eclesiologia paulina não pode ser completada sem a presença ativa de todos os dons, incluindo aqueles frequentemente classificados como "milagrosos" pelos cessacionistas. Voltando a Küng: "Quando, em uma igreja ou comunidade apenas os 'ministros' atuam, e não todos os membros da comunidade, é importante questionar seriamente se, ao renunciar aos carismas, não se está também renunciando ao Espírito".[4]

[3] KÜNG, Hans. *La Iglesia*. Barcelona: Herder, 1968. p. 219.
[4] KÜNG, *La Iglesia*, p. 226.

COMO ENTENDER O DOM DA PROFECIA HOJE?

CESSACIONISMO É UMA TEOLOGIA DA EXPERIÊNCIA?

Outro apelo comum do cessacionismo é a história. Dizem que a história da igreja não aponta para a continuidade dos dons. Esse argumento, no entanto, frequentemente se baseia em uma leitura seletiva da história. Embora seja verdade que a atividade carismática diminuiu no decorrer do tempo, o argumento histórico apresenta várias falhas significativas.

Em primeiro lugar, ignora evidências de manifestações contínuas dos dons ao longo da história da igreja, mesmo que em menor escala ou em contextos específicos. O espaço não permite colocar inúmeras citações presentes em textos da patrística, Idade Média e reforma protestante, mas há ótimos trabalhos feitos por historiadores e teólogos acadêmicos sobre o assunto, como Yves Congar, Stanley M. Burgess, Mark J. Cartledge, Ronald Kydd e Amanda Porterfield.[5] Esses estudos desafiam a narrativa simplista de que os dons espirituais cessaram após a era apostólica, revelando uma tradição contínua, embora às vezes subterrânea ou marginalizada, de experiências carismáticas ao longo da história cristã.

Em segundo lugar, não considera adequadamente os fatores sociológicos, culturais e teológicos que contribuíram para a diminuição dos dons, como a institucionalização da igreja e a influência do racionalismo. Tais fenômenos não foram fruto de virtude ou amadurecimento, mas, pelo contrário, indicaram um afastamento gradual da vitalidade e dependência do Espírito Santo que caracterizavam a igreja primitiva. A institucionalização excessiva e a adoção de paradigmas filosóficos racionalistas levaram a uma abordagem formalista, burocrática e intelectualizada da fé, sufocando as expressões dinâmicas e experienciais do Espírito, incluindo os dons carismáticos.

---

[5] BURGESS, Stanley M. *The Holy Spirit*: Eastern Christian Traditions. Grand Rapids: Baker Academic, 1989. CONGAR, Yves. *Revelação e experiência no Espírito*. São Paulo: Paulinas, 2021. KYDD, Ronald A. N. *A continuidade dos dons espirituais na igreja primitiva: Os dons do Espírito nos primeiros 300 anos*. Rio de Janeiro: CPAD, 2023. PORTERFIELD, Amanda. *Healing in the History of Christianity*. Oxford: Oxford University Press, 2009. CARTLEDGE, Mark J. *Encountering the Spirit*: The Charismatic Tradition. Londres: Darton Longman & Todd, 2006. Outros trabalhos também úteis: ENSLEY, Eddie. *Sons de milagres*. Campinas: Ecclesiae, 2017. HYATT, Eddie. *2000 anos de cristianismo carismático*. Natal: Carisma, 2018.

Em terceiro lugar, falha em reconhecer que a ausência de evidência não é evidência de ausência, especialmente considerando as limitações dos registros históricos. O cessacionismo não leva em conta que a experiência histórica da igreja não deve ser normativa para a doutrina, que deve ser fundamentada primariamente nas Escrituras. Ele se torna, assim, uma teologia da experiência, ou melhor, da não experiência. Como observa Jack Deere: "Geralmente passa despercebido que esse apelo à história, quer passada, quer presente, é, na realidade, um argumento baseado na experiência, ou, melhor ainda, alicerçado sobre a falta de experiência".[6]

O ARGUMENTO MAIS "FORTE" DO CESSACIONISMO

O argumento mais "forte" do cessacionismo é o apelo à história da salvação. Esse argumento tem dois eixos: o Pentecostes é um evento irrepetível — assim como a morte, ressurreição e ascensão de Cristo. Além disso, os sinais (curas, glossolalia e profecias) tinham o propósito de testemunhar a mensagem apostólica. Uma vez que os apóstolos morreram e o colégio apostólico terminou, não há mais necessidade de tais dons espetaculares.

É verdade que o Pentecostes foi um evento único e fundamental na história da salvação. No entanto, isso não significa necessariamente que seus efeitos estejam limitados a um momento histórico específico. A efusão do Espírito Santo inaugurou uma nova era na relação de Deus com seu povo, que continua até hoje. Atos 2:17-21 cita a profecia de Joel, que fala de um derramamento contínuo do Espírito "nos últimos dias" — como já vimos, "últimos dias" é um conceito neotestamentário para o intervalo entre a primeira e a segunda vindas de Cristo. No mesmo livro de Atos há múltiplos relatos de "mini-pentecostes" (4:31; 10:44-46), sugerindo que a experiência pode se repetir. Isso sem falar do pré-pentecostes em Lucas (1:35) e João (20:22).

---

[6] DEERE, Jack. *Surpreendido pelo poder do Espírito.* Rio de Janeiro: CPAD, 1995. p. 58.

Todavia, uma vez que a mensagem apostólica está estabelecida, existe ainda a necessidade de dons espetaculares? Esse argumento pressupõe que o propósito principal dos dons era autenticar a mensagem apostólica. Embora isso seja parcialmente verdadeiro, não é a única função dos dons espirituais mencionada nas Escrituras. Paulo enfatiza que os dons são para a edificação da igreja, não apenas para autenticação. Se a igreja ainda tem a missão de evangelizar e fazer discípulos (Mateus 28:19-20), por que os dons que auxiliaram nessa tarefa teriam cessado? Se a igreja ainda não alcançou a maturidade escatológica, por que os dons cessariam a edificação continuada? Não faz o menor sentido.

O ARGUMENTO ÚLTIMO

Por fim, o argumento cessacionista mais popular são os exageros carismáticos — a chamada *carismania*. Embora os abusos dos dons sejam reprováveis, o argumento de que os excessos carismáticos provam que os dons espirituais cessaram é uma falácia lógica. O mau uso ou abuso de algo não nega sua existência ou validade intrínseca. Julgar um movimento ou uma doutrina baseando-se em seus exemplos mais extremos ou problemáticos é uma generalização injusta. Existem muitas igrejas e indivíduos carismáticos que praticam sua fé de maneira bíblica e equilibrada.

Esse argumento parece esquecer que excessos e desvios têm ocorrido ao longo da história da igreja em várias doutrinas e práticas, não apenas nas manifestações carismáticas. A resposta apropriada é geralmente a correção e a reforma, não o abandono total da prática. A provação de Hans Küng é válida para a reflexão:

> A desordem na liturgia de uma comunidade viva, como a de Corinto, seria pior do que a rigidez mortal e a passividade, que, tantas vezes, e muitas vezes precocemente, caracterizam o culto divino conduzido por ministros oficiais? São apenas os profetas que podem prejudicar a igreja? Não prejudicaram a ordem da igreja a rigidez, a dureza de coração, a falta de inteligência, a imobilidade e a comodidade dos pastores tanto ou

mais do que a exuberância dos carismas? A ambição de poder dos pastores, sua obsessão por prestígio e seu afastamento do evangelho não dissolveram a unidade da igreja? O abuso pode ser cometido tanto através de um ofício instituído como com os carismas livres.[7]

Rejeitar todos os dons espirituais por causa de excessos pode privar a igreja de bênçãos genuínas e meios de edificação que Deus pretende para seu povo. Em vez de rejeitados, os excessos carismáticos deveriam ser um chamado à maturidade espiritual, discernimento e ensino bíblico sólido dentro das comunidades carismáticas.

> **Rejeitar todos os dons espirituais por causa de excessos pode privar a igreja de bênçãos genuínas.**

---

[7] KÜNG, *La Iglesia*, p. 501.

● CAPÍTULO 6

Profecia e suficiência das Escrituras

A profecia é uma revelação do Espírito de Deus. Mas Deus ainda se revela hoje? Já não temos tudo nas Escrituras? Um dos princípios fundamentais da fé cristã, especialmente protestante, é a suficiência das Escrituras, que afirma que a Bíblia contém toda a revelação necessária para a salvação e a vida cristã. Esse conceito não entraria em choque com a ideia de que alguém, ainda hoje, possa ouvir a voz de Deus, seja de maneira audível, seja como uma impressão?

Certamente, a Bíblia é completa e suficiente para a salvação e para guiar a vida cristã, mas isso não significa que Deus não continue falando e orientando seus filhos de maneira específica e pessoal. A profecia contemporânea não é incompatível com a suficiência das Escrituras. Ao contrário, ela reafirma e complementa a revelação bíblica de maneiras importantes. Dizer que não precisamos de profecias porque já temos a Bíblia é o mesmo que afirmar que não precisamos de sermões, aconselhamentos, teologia ou mesmo de música — nada que comunique, direta ou indiretamente, a vontade de Deus, espelhando a Palavra viva e eficaz.

A profecia moderna, como entendida na tradição pentecostal-carismática, não adiciona nada à revelação canônica das Escrituras. Em vez disso, ela aplica, esclarece e atualiza a verdade bíblica para situações específicas. Podemos vê-la como uma manifestação contínua do Espírito Santo, o qual Jesus prometeu para guiar os crentes em toda a verdade (João 16:13). Além disso, o Novo

Testamento encoraja explicitamente o uso dos dons espirituais, incluindo a profecia, para a edificação da igreja (1Coríntios 14:1-5). Paulo instrui os crentes a não desprezarem as profecias, mas a examinarem tudo cuidadosamente (1Tessalonicenses 5:20-21).

A profecia moderna, como entendida na tradição pentecostal-carismática, não adiciona nada à revelação canônica das Escrituras.

POTENCIAIS CONFLITOS

Reconheço que existem potenciais conflitos entre a profecia contemporânea e o princípio da suficiência das Escrituras. É importante abordar essas tensões com honestidade e cuidado, buscando um entendimento equilibrado que honre tanto a revelação bíblica como a obra contínua do Espírito Santo. Eu mesmo já ouvi inúmeras profecias falsas ou com meias-verdades. Na tradição pentecostal, até temos uma palavra para isso: "profetada".

Um dos principais desafios surge quando profecias são elevadas ao mesmo nível de autoridade das Escrituras. Isso pode ocorrer quando indivíduos ou comunidades atribuem peso excessivo a palavras proféticas, às vezes até priorizando-as em relação ao ensino bíblico. Esse é um perigo real que pode levar a desvios doutrinários e práticas questionáveis. Normalmente, quem afirma ser uma autoridade absoluta exerce um tipo de liderança abusiva, narcisista e autoritária. Contra toda tirania, temos a autoridade maior das Escrituras.

Outro ponto de tensão emerge quando profecias são usadas para introduzir novos ensinamentos ou doutrinas não encontrados nas Escrituras. Embora a profecia possa trazer iluminação e aplicação contextual da verdade bíblica, ela não estabelece novos dogmas nem altera o fundamento da fé cristã. Ninguém deve criar regras, tabus comunais, usos e costumes, e muito menos doutrinas para uma comunidade a partir de supostas revelações.

Há também o risco de dependência excessiva de experiências proféticas para orientação pessoal, potencialmente negligenciando

COMO ENTENDER O DOM DA PROFECIA HOJE?

o estudo das Escrituras e a meditação nelas. Isso pode levar a uma espiritualidade desequilibrada, na qual a busca por palavras proféticas substitui o engajamento disciplinado com a Palavra de Deus. Sobre isso, voltaremos com mais detalhes no próximo capítulo.

A proliferação de falsos profetas e profecias errôneas é outro desafio significativo. A propagação de profecias não cumpridas ou claramente falsas pode minar a confiança no dom profético, mas também a integridade da fé cristã como um todo. Como já ouvi em conversas pessoais, o maior inimigo do continuísmo não é o cessacionismo, mas o falso profeta.

Além disso, a subjetividade inerente à interpretação de muitas experiências proféticas pode levar a confusão e divisão dentro da igreja. Diferenças na compreensão e aplicação de palavras proféticas podem criar tensões entre crentes e até mesmo entre congregações. Para mitigar esses conflitos, é crucial estabelecer diretrizes claras para o exercício e a avaliação do dom profético. Isso inclui:

1. Afirmar inequivocamente a autoridade suprema das Escrituras sobre todas as profecias e experiências espirituais;
2. Ensinar e praticar o discernimento bíblico, testando todas as profecias à luz da Palavra de Deus (1João 4:1);
3. Manter um foco consistente no ensino bíblico sólido, garantindo que a profecia complementa, mas nunca substitui o estudo das Escrituras;
4. Cultivar uma cultura de humildade e prestação de contas entre aqueles que exercem dons proféticos;
5. Reconhecer que a profecia contemporânea, embora valiosa, é imperfeita e parcial (1Coríntios 13:9), e deve ser tratada como tal.

DEFINIÇÃO E IMPLICAÇÕES DA SUFICIÊNCIA DAS ESCRITURAS

Gosto desta definição de Wayne Grudem:

A Bíblia contém todas as palavras divinas que Deus quis dar ao seu povo em cada estágio da história da redenção e que hoje

PROFECIA E SUFICIÊNCIA DAS ESCRITURAS

contém todas as palavras de Deus que precisamos para a salvação, para que, de maneira perfeita, nele possamos confiar e a ele obedecer.[1]

Essa definição implica:

1. *Revelação completa para a salvação*: A Bíblia fornece todas as informações necessárias para que um indivíduo entenda o plano de salvação de Deus. Isso inclui a natureza pecaminosa da humanidade, a necessidade de redenção, a vida, morte e ressurreição de Jesus Cristo, e o convite para crer nele para a salvação. Não há nada fora da Bíblia que seja necessário para se entender ou alcançar a salvação.

2. *Guia para a vida cristã*: A suficiência das Escrituras implica que a Bíblia é um guia de sabedoria para a vida cristã. Ela fornece princípios e comandos suficientes para nos guiar em nossas decisões diárias, em nosso comportamento e em nossa adoração a Deus. A Bíblia é suficiente para ensinar princípios gerais de ética, moralidade e espiritualidade.

3. *Critério para julgar revelações contemporâneas*: Qualquer suposta revelação contemporânea, como profecias, sonhos ou visões, deve ser julgada à luz das Escrituras. Isso significa que nenhuma revelação pode contradizer ou adicionar algo novo à Bíblia. Elas devem, em vez disso, iluminar e aplicar as verdades bíblicas em contextos específicos, sem introduzir novas doutrinas ou práticas.

LIMITAÇÕES DA SUFICIÊNCIA DAS ESCRITURAS

Enquanto a suficiência das Escrituras é um princípio fundamental, ela também deve ser entendida dentro de certos limites:

1. *Não é exaustiva*. A suficiência das Escrituras não significa que a Bíblia aborda todos os aspectos da vida nem responde a todas as perguntas possíveis. Ela é suficiente para a

---

[1] GRUDEM, Wayne. *Teologia sistemática*: atual e exaustiva. São Paulo: Vida Nova, 1999. p 86. Veja também: GRUDEM, Wayne. *O dom de profecia*: no Novo Testamento e hoje. 3 ed. Natal: Carisma, 2020. p. 257-69.

salvação e vida cristã, mas não fornece detalhes específicos sobre ciência, história, medicina, política etc. "Moisés não era um astrônomo e o Pentateuco não é um livro-texto de ciências naturais".[2] A Sagrada Escritura "não se declara livro-texto exaustivo sobre tais assuntos, nem deve ser considerada como tal".[3] Por exemplo, a Bíblia não prescreve dietas específicas nem sistemas políticos e econômicos detalhados.

2. *Necessita de interpretação*: A suficiência das Escrituras não elimina a necessidade de interpretação e aplicação cuidadosas. As Escrituras são suficientes em conteúdo, mas a compreensão e aplicação correta de suas verdades requerem estudo diligente, sabedoria e orientação do Espírito Santo. A hermenêutica, ou ciência da interpretação bíblica, é crucial para extrair as verdades bíblicas de maneira precisa e aplicá-las adequadamente.

3. *Não prescinde da revelação geral*: A Bíblia é considerada revelação especial, necessária e suficiente para a salvação. No entanto, Deus também se revela através da revelação geral, que inclui a natureza e a consciência humana. A revelação geral não é suficiente para a salvação, mas aponta para a existência e o caráter de Deus, complementando a revelação especial. Ela, no entanto, "está totalmente subordinada à relevação especial", como observou J. Rodman Williams.[4]

SUFICIÊNCIA DAS ESCRITURAS ENTRE OS PENTECOSTAIS

Os pentecostais e carismáticos nunca negaram a suficiência das Escrituras como fonte da história da salvação nem como fonte suprema de ética e moral. Eles sempre tiveram a consciência de que

---

[2] FRANCESCO, Jean. *Reformando o discipulado*: Uma introdução à fé cristã. Rio de Janeiro: Thomas Nelson Brasil, 2021. p. 593. Até João Calvino reconhecia esse ponto ao "defender" Moisés das críticas que os astrônomos de sua época faziam ao relato do Gênesis. Veja: CALVIN, John. *Commentaries on the First Book of Moses Called Genesis.* Grand Rapids: Baker, 1984. p. 85-7.

[3] HORTON, Stanley M. (org.). *Teologia sistemática*: uma perspectiva pentecostal. Rio de Janeiro: CPAD, 1996. p. 97.

[4] RODMAN, J. Williams. *Teologia sistemática*: uma perspectiva pentecostal. São Paulo: Vida, 2011. p. 38.

a Bíblia, a Palavra de Deus, julga todas as profecias. A *Declaração de Fé das Assembleias de Deus do Brasil* afirma: "O Senhor continua comunicando-se com seus servos e servas de forma individual, mas a profecia decorrente do dom não serve de fonte de autoridade, como a dos profetas e dos apóstolos bíblicos, pois é possível alguém ampliar a mensagem sem autorização do Espírito, sendo, inclusive, passível de julgamento" (10:5).

Eu poderia citar inúmeras frases de líderes pentecostais, tanto no início do movimento como hoje, que expressam clareza em relação à suficiência das Escrituras. Como ilustração, cito dois pioneiros. William Seymour (1870–1922), líder do avivamento da Rua Azusa, declarou: "Estamos medindo tudo pela Palavra, toda experiência deve ser medida pela Bíblia. Alguns dizem que isso é exagero, mas se vivermos muito apegados à Palavra, essas contas ajustaremos com o Senhor quando o encontrarmos nos ares".[5] Gunnar Vingren, um dos fundadores das Assembleias de Deus no Brasil, disse: "Não é por meio de profecia, de interpretação e de línguas que devemos ser dirigidos. Isso foi dado para nossa edificação, mas a direção verdadeira e a instrução necessária vêm da Bíblia, que é a Palavra de Deus clara e inconfundível".[6]

Assim, crer na suficiência das Escrituras não significa adotar um biblicismo ingênuo. Pelo contrário, implica a responsabilidade de buscar ferramentas adequadas de interpretação. Isso exige compromisso com a exegese cuidadosa e a hermenêutica informada, reconhecendo a complexidade dos textos bíblicos e a necessidade de situá-los em seu contexto histórico, cultural e literário. Somente assim podemos extrair, com alguma precisão, o significado pretendido pelos autores bíblicos e aplicar seus ensinamentos de maneira relevante e fiel à nossa realidade contemporânea.

> **Crer na suficiência das Escrituras não significa adotar um biblicismo ingênuo.**

---

[5] CUNNINGHAM, Greg. "Lessons from Azusa's Pastor". *Influence Magazine*. Disponível em: https://influencemagazine.com/Practice/Lessons-From-Azusa-s-Pastor. Acesso em: 15 jun. 2024.
[6] VINGREN, Ivar. *O diário do pioneiro*. 5 ed. Rio de Janeiro: CPAD, 2018. p. 116.

COMO ENTENDER O DOM DA PROFECIA HOJE?

A suficiência das Escrituras, embora superior, deve ser entendida em harmonia com a tradição, a experiência e a razão, permitindo um diálogo construtivo com a erudição teológica e outras áreas ou formas de conhecimento. Para os pentecostais, o principal objetivo da Bíblia é fomentar a experiência e o relacionamento com Deus, em vez de *meramente* estabelecer uma teologia doutrinária — que vem a ser, embora essencial, apenas o objetivo secundário.[7]

---

[7] WARRINGTON, Keith. *Pentecostal Theology:* A Theology of Encounter. Londres: T&T Clark, 2008. p. 188.

● CAPÍTULO 7

Discernindo as profecias

Sintonize uma grande emissora de rádio evangélica nas últimas horas da noite e ouvirá um pregador estridente proclamar profecias para quem telefonar para o programa ou enviar uma mensagem de texto pelo WhatsApp. As profecias são entregues como quem pede pizza pelo telefone ou um lanche no drive-thru do McDonald's. Há também *lives* no Instagram cujo conteúdo é entregar profecias para os seguidores.

Falsas profecias sempre existiram. A Bíblia menciona falsos profetas tanto no Antigo como no Novo Testamento. No Antigo Testamento, há os profetas de Baal, que Elias confrontou (1Reis 18:19-40), e Hananias, que contradisse a profecia de Jeremias (Jeremias 28:15-17). No Novo Testamento, encontramos figuras como Simão, o Mago (Atos 8:9-24), e Barjesus, o falso profeta (Atos 13:6-12).

Falsas profecias sempre existiram.

A Bíblia relata que falsos profetas e falsos mestres sempre acompanham a tríade do pecado: busca por poder, dinheiro e imoralidade sexual. Em relação à busca por poder, Simão, o Mago, tentou comprar o poder do Espírito Santo (Atos 8:18-19). Em termos de dinheiro, Judas Iscariotes, que estava entre os setenta comissionados para curas e exorcismos (Lucas 10), traiu Jesus em troca de trinta moedas de prata (Mateus 26:14-16). Quanto à imoralidade sexual, Balaão levou os israelitas ao pecado, cometendo idolatria e imoralidade sexual (Números 31:16; Apocalipse 2:14).

POSSO JULGAR UMA PROFECIA?

Não somente pode, mas deve! Não nos esqueçamos de que é uma obrigação cristã analisar todas as profecias:

> Tratando-se de profetas, falem dois ou três, e os outros julguem cuidadosamente o que foi dito. (1Coríntios 14:29)

> Amados, não creiam em qualquer espírito, mas examinem os espíritos para ver se eles procedem de Deus, porque muitos falsos profetas têm saído pelo mundo. (1João 4:1)

Em apenas dois textos, vemos claramente um mandamento. Não podemos desprezar as profecias, mas isso não impede de examinar aquilo que ouvimos: "Não apaguem o Espírito. Não tratem com desprezo as profecias, mas ponham à prova todas as coisas e fiquem com o que é bom" (1Tessalonicenses 5:19-21). Veja que, mesmo quando Paulo alerta a "não tratar com desprezo as profecias", ele lembra da necessidade de examiná-las. Ou seja, uma prática não anula a outra. Portanto, receba toda profecia com respeito, mas nunca deixe de analisá-las e de desprezar a falsa profecia.

Qual critério deve ser usado para verificar uma profecia? A Palavra de Deus! Diante de uma profecia (ou qualquer outra palavra dita em nome de Deus), devemos perguntar: "Isso condiz as Sagradas Escrituras?". Veja que não se trata de "sentir" ou de "ter um arrepio" nem de qualquer outra manifestação sensorial. Também não é porque você vai com a cara do profeta que a profecia veio de Deus (e o contrário também é verdadeiro).

O profeta e a comunidade são responsáveis pela profecia. Paulo explica que "O espírito dos profetas está sujeito aos profetas" (1Coríntios 14:32), indicando que há uma dimensão de autocontrole e discernimento que deve ser aplicada. A profecia pode acontecer em êxtase ou não, mas jamais acontecerá legitimamente em transe. Isso implica que, mesmo quando inspirados, os profetas devem exercer seu dom com sobriedade e em submissão às diretrizes bíblicas.

Devemos, então, ter cuidado com as falsas profecias e os falsos profetas. Jesus nos advertiu quanto a isso: "Cuidado com os

DISCERNINDO AS PROFECIAS

falsos profetas. Eles vêm a vocês vestidos de peles de ovelhas, mas por dentro são lobos devoradores" (Mateus 7:15). A proliferação de profecias sensacionalistas e sem fundamento bíblico pode causar grandes danos espirituais, emocionais e até físicos aos membros da comunidade de fé. É essencial que a liderança da igreja esteja vigilante e ensine os crentes a discernirem a voz de Deus, seguindo o exemplo dos bereanos, que "receberam a mensagem com grande interesse, examinando todos os dias as Escrituras, para ver se tudo era assim mesmo" (Atos 17:11). A prática de analisar a Palavra de Deus é o critério supremo para validar qualquer manifestação espiritual.

Vejamos, a seguir, algumas profecias claramente problemáticas.

Profecia de casamento

A ideia de "profecia de casamento" aparece em alguns círculos cristãos, nos quais se acredita que Deus pode revelar especificamente com quem alguém deve se casar. No entanto, a Bíblia não fornece um fundamento claro para esse tipo específico de profecia. Casamentos bíblicos são guiados por princípios de sabedoria, compatibilidade e direção divina, dados por meio de oração e conselho, mas não necessariamente de uma palavra profética.

Um exemplo interessante é o casamento de Isaque e Rebeca. Ela tomou uma decisão baseada na fé e no discernimento, confiando na providência de Deus e na sabedoria dos conselhos que recebeu, antes de aceitar se casar com Isaque (Gênesis 24:58).

Nos dias de hoje, profecias de casamento levam a confusões e decepções se não forem abordadas com discernimento e responsabilidade. Casamentos devem ser fundamentados em amor mútuo, compromisso e valores compartilhados, além de serem confirmados por uma caminhada conjunta em oração e consulta a líderes espirituais e amigos de confiança. Assim, mesmo que alguém sinta uma orientação divina sobre o casamento, essa percepção deve ser confirmada por outros meios e não depender exclusivamente de uma "profecia". O matrimônio é uma união que demanda maturidade emocional e espiritual e um compromisso profundo. A Bíblia descreve o casamento como um reflexo do relacionamento entre

81

Cristo e a igreja (Efésios 5:25-32). Por isso, é essencial que o casal tenha uma base sólida de fé e valores antes de assumir essa aliança.

Profecias de morte

Existem vários relatos bíblicos sobre profecias de juízo e morte. O profeta Micaías (cf. 1Reis 22) e o profeta Isaías (cf. Isaías 38) foram usados por Deus para falar sobre a morte de reis. Isso é fato. Vamos aos "poréns":

1. *Quando um assunto está exclusivamente no Antigo Testamento, devemos observar o "princípio do continuísmo" nas duas Alianças.* Ora, por que no Novo Testamento não se usa a profecia como juízo diretivo? Há continuidade dessa forma profética nas duas Alianças? Vemos que não. A razão principal para a descontinuidade é a mudança de paradigma entre as Alianças. No Antigo Testamento, a profecia era meio de comunicação direto e corretivo entre Deus e seu povo. No Novo Testamento, com a revelação completa em Cristo, a função da profecia se torna a edificação do corpo de Cristo, a igreja.

2. *A profecia do Antigo e do Novo Testamento apresenta semelhanças e diferenças.* O ministério profético terminou em João Batista, o último profeta da Antiga Aliança (cf. Mateus 11:13). A profecia no Antigo Testamento se iniciava com uma autoridade incontestável. A expressão "assim diz o Senhor" não se repete no Novo Testamento, pois ela não tem autoridade escriturística, ou seja, não é Palavra de Deus como fala definitiva ou oficial. Ágabo, por exemplo, utiliza a expressão "Assim diz o Espírito Santo" em lugar do tradicional "assim diz o Senhor" (Atos 21:11). A mudança é sutil, quase imperceptível, mas mostra claramente as continuidades e descontinuidades do ministério profético entre a Antiga e a Nova Aliança. Além disso, a natureza da revelação profética mudou: o Novo Testamento enfatiza o dom do Espírito derramado sobre toda a carne, permitindo que todos os crentes, e não apenas um grupo seleto, profetizem (Joel 2:28-29; Atos 2:17-18).

DISCERNINDO AS PROFECIAS

3. *A profecia tem um tríplice propósito: edificação, encoraja-mento e consolação.* A profecia de morte não obedece a nenhum desses propósitos. A edificação da igreja pelos dons, um grande tema de 1Coríntios, passa pela profecia que edifica, encoraja e consola. Como a profecia de morte pode edificar a comunidade? Esses aspectos falam tanto da mensagem como da forma. A ênfase do Novo Testamento é construir uma comunidade de amor, fé e esperança. Assim, a profecia deve ser um instrumento que promove esses valores, refletindo a natureza redentora e restauradora do evangelho.

4. *Profecias de juízo no Antigo Testamento estavam, muitas vezes, ligadas ao contexto político de Israel.* Israel era uma teocracia, em que liderança política e espiritual estavam intrinsecamente conectadas. No Novo Testamento, a igreja se desenvolve em um contexto pluralista e sob diferentes sistemas políticos, o que muda a natureza e a aplicação das profecias. A mensagem do Novo Testamento enfatiza a reconciliação e a oferta de graça por meio de Cristo, mudando o foco das profecias de juízo para uma mensagem de salvação e restauração.

5. *Deve-se considerar o papel da revelação completa em Cristo.* Hebreus 1:1-2 diz: "Há muito tempo Deus falou muitas vezes e de várias maneiras aos nossos antepassados por meio dos profetas, mas nestes últimos dias falou-nos por meio do Filho". Isso implica que a revelação por meio de Cristo é completa e final, diminuindo a necessidade de novas revelações de juízo e enfatizando a obra redentora que ele consumou. O juízo não foi removido, mas está especialmente guardado para o tempo escatológico.

Profecias de vontade própria

O pregador que manda a igreja profetizar certamente nunca entendeu a natureza da profecia. Ora, ela não é fruto de vontade própria. A profecia deve ser pronunciada quando recebida, mas nunca sob coerção nem incentivo. Certamente, a verdadeira profecia é um dom que deve ser tratado com seriedade e respeito, e não como ferramenta de manipulação ou entretenimento. A coerção ou incentivo para alguém profetizar subverte a natureza divina da profecia, transformando-a em ato humano, e não uma manifestação genuína do Espírito Santo.

Além disso, é um completo absurdo marcar hora para profecias em cultos temáticos ou programas midiáticos. A profecia, sendo um dom espiritual, não pode ser agendada como se fosse um evento previsível ou um espetáculo para audiência. Esse tipo de prática reduz a profecia a uma performance, desrespeitando seu caráter sagrado e sua função edificante na igreja.

A Bíblia nos dá claros exemplos e diretrizes sobre a natureza da profecia. No Antigo Testamento, profetas recebiam a palavra de Deus de maneira espontânea e, muitas vezes, em circunstâncias imprevistas. Elias, Jeremias e Isaías, por exemplo, falaram conforme eram inspirados pelo Espírito, e não segundo uma agenda estabelecida. No Novo Testamento, o apóstolo Paulo reitera que a profecia deve ser exercida de maneira ordeira e sob julgamento, mas nunca de forma mecânica ou forçada.

CARACTERÍSTICAS DOS FALSOS PROFETAS E FALSOS MESTRES

O apóstolo Pedro adverte os cristãos sobre a presença e os perigos dos falsos mestres e profetas. Ele descreve-os com diversas características negativas e detalhadas: esses indivíduos introduzem heresias destruidoras no meio da comunidade, chegando ao ponto de negar o próprio Senhor que os resgatou, o que resulta em destruição rápida para si mesmos (2Pedro 2:1). Isso não quer dizer que os falsos mestres pregavam uma espécie de ateísmo, mas, antes, que rejeitavam o juízo de Deus.[1]

Pedro destaca a ganância como uma das principais motivações dos falsos mestres. Eles exploram os cristãos com palavras

---

[1] NEYREY, Jerome H. "2Pedro". Em: BROWN, Raymond; FITZMYER, Joseph; MURPHY, Roland. *Novo Comentário Bíblico São Jerônimo: Novo Testamento.* São Paulo: Paulus, 2018. p. 880.

DISCERNINDO AS PROFECIAS

fingidas, buscando lucro pessoal (v. 3). A imoralidade também é um traço marcante, pois esses mestres seguem os desejos da carne e desprezam a autoridade, demonstrando total falta de respeito e reverência (v. 10). Além disso, todo falso profeta é viciado em popularidade (Jeremias 23:16-17).

A arrogância e o desprezo pelas autoridades, especialmente pelo corpo presbiteral, são outras características mencionadas por Pedro. Os falsos mestres são descritos como ousados e arrogantes, não receando blasfemar contra aqueles que estão em posições de autoridade (2Pedro 2:10), que podem ser Cristo, anjos e o presbitério da igreja.[2] Provavelmente, a autoridade desprezada pelos falsos mestres eram esses três, pois eles não queriam ninguém acima de si.[3] Comportavam-se de maneira irracional, e o apóstolo comparou-os a animais guiados por instintos naturais, destinados à destruição (2 Pedro 2:12). Por isso, devemos buscar a comunhão com crentes maduros, que confirmem ou questionem as mensagens e profecias que ouvimos.

Pedro também enfatiza a corrupção propagada pelos falsos mestres, que seduzem especialmente os novos na fé, mais vulneráveis (v. 14). Eles ainda fazem promessas vazias de liberdade, enquanto eles próprios são escravos da corrupção, enganando os crentes com suas palavras (v. 19).

Em suas epístolas, Paulo frequentemente alerta contra aqueles que utilizam a fé para ganhos pessoais, os chamados "mercadores da fé". Ele menciona várias figuras que exemplificam esse comportamento e suas práticas nocivas. Um exemplo é Himeneu, citado em duas cartas diferentes. Ele, junto com Fileto, é acusado de se desviar da verdade, ensinando doutrinas falsas que corroem a fé de outros, alegando que a ressurreição já havia acontecido (2Timóteo 2:17-18) Himeneu é novamente citado junto com Alexandre, a quem Paulo entregou a Satanás, para aprenderem a não blasfemar (1Timóteo 1:19-20). Outro indivíduo mencionado por Paulo é Demas, que

---

[2] GREEN, Michael. *2 Pedro e Judas:* introdução e comentário. São Paulo: Vida Nova, 1983. p. 100.
[3] BARTON, Bruce Barton et al. *Life Application New Testament Commentary.* Wheaton: Tyndale, 2001. p. 1138.

inicialmente era colaborador de Paulo, mas abandonou-o por amar o mundo (2Timóteo 4:10). Demas ilustra aqueles que, em vez de servirem a causa de Cristo, se deixam seduzir pelos atrativos mundanos.

Paulo também alerta contra falsos apóstolos em Corinto, descrevendo-os como obreiros fraudulentos que se disfarçam de apóstolos de Cristo (2Coríntios 11:13-15). Esses indivíduos enganavam os crentes, fingindo ser servos de justiça enquanto promoviam sua própria agenda. Em sua carta a Tito, Paulo advertiu-o sobre certos líderes em Creta, especialmente os da circuncisão, que subvertiam famílias inteiras com ensinamentos enganosos, agindo assim por ganância (Tito 1:10-11). Na tabela a seguir, podemos ver um resumo das principais características dos falsos profetas e mestres.

Traços	Referências
Apetite sexual desordenado	1Coríntios 5:1-2; 6:18; 2Pedro 2:14
Fome por poder	Atos 20:30; 2Coríntios 11:20; 2Pedro 2:10
Desejo de riquezas	1Timóteo 6:10; 2Timóteo 3:2; 2Pedro 2:3,14
Bajulação	1Tessalonicenses 2:5
Falam o que todos querem ouvir	2Timóteo 4:3-4; 2Pedro 2:18
Desprezo pela autoridade apostólica	2Coríntios 11:5, Gálatas 1:6-9; 2Pedro 2:10

Nem sempre é fácil identificar os falsos profetas, e isso, na maioria das vezes, requer tempo.

Nem sempre é fácil identificar os falsos profetas, e isso, na maioria das vezes, requer tempo. Por isso, Jesus apresentou uma expressiva parábola que nos admoesta a ter paciência e a não querer arrancar apressadamente o joio, para não corrermos o risco de também arrancar o trigo (Mateus 13:36-43).[4]

---

[4] CODINA, Victor. *Não extingais o Espírito:* iniciação à pneumatologia. São Paulo: Paulinas, 2010. p. 231.

DISCERNINDO AS PROFECIAS

Essa analogia nos ensina que, muitas vezes, o verdadeiro caráter de um profeta só se revela ao longo do tempo, por meio de seus frutos e de suas obras.

PROFECIAS COM MEIAS VERDADES

Profecias com meias verdades são extremamente perigosas. Como diz o provérbio chinês, "meia verdade é sempre uma mentira inteira". Muitas vezes, Deus realmente dá uma profecia a alguém, mas, na empolgação, a pessoa altera a mensagem.

O profeta Natã é um modelo de coragem e fidelidade (2Samuel 12). Após Davi adulterar com Bate-Seba e assassinar Urias, Deus envia Natã para confrontar o rei. O profeta usa uma parábola para ilustrar a gravidade do pecado de Davi, facilitando a compreensão e a autoavaliação do monarca. Embora Natã tenha transformado a mensagem em uma parábola, modificando-a, ele ficou dentro dos limites do que havia recebido de Deus. A profecia não é uma psicografia palavra a palavra, letra a letra. A parábola do homem rico que rouba a única cordeirinha de um homem pobre tocou Davi profundamente, levando-o a reconhecer seu erro. A mensagem de Natã não apenas expôs o pecado de Davi, mas também ofereceu uma oportunidade para arrependimento e restauração.

Aprendemos duas lições importantes com esse texto. Primeiro, o discernimento e a sensibilidade de Natã ao usar uma história para ilustrar o pecado de Davi, mostrando empatia e inteligência emocional. Segundo, a coragem de Natã ao confrontar um monarca poderoso como Davi, comprometendo-se com a verdade divina mesmo diante do risco pessoal.

Em contraste, no relato de 1Crônicas 17, Natã age de maneira impulsiva ao encorajar Davi a construir um templo para Deus sem primeiro consultar a vontade divina. Inicialmente, Natã diz a Davi que o Senhor estaria com ele e que ele deveria seguir adiante com seus planos. No entanto, naquela mesma noite, Deus corrigiu Natã, informando-o de que não era sua vontade que Davi construísse o templo. Natã, então, retornou a Davi e retificou sua mensagem anterior, explicando que o templo seria construído por um descendente de Davi, não por ele mesmo.

Desse incidente, extraímos mais duas lições. Primeiro, a humildade de Natã em corrigir seu erro, demonstrando que até mesmo profetas sinceros podem cometer enganos e precisam estar abertos à correção divina. Segundo, a importância da atenção e da prudência, destacando a necessidade de consultar a Deus antes de fazer declarações proféticas, especialmente em questões de grande importância.

> **A integridade da mensagem é vital para evitar distorções e meias verdades, que prejudicam a comunidade de fé.**

Esses exemplos sublinham a importância da responsabilidade e da humildade no exercício do dom profético. A integridade da mensagem é vital para evitar distorções e meias verdades, que prejudicam a comunidade de fé. Quem tem o dom da profecia deve usá-lo com prudência, confirmando a mensagem com Deus antes de transmiti-la. A confiança da comunidade no profeta depende da precisão e da fidelidade dele à mensagem divina.

Conclusão:
O profetismo universal de todos os crentes

Tudo o que você leu neste livro gira em torno do conceito do profetismo. A Reforma Protestante resgatou a doutrina do sacerdócio universal de todos os crentes. Os movimentos pentecostais e carismáticos, por sua vez, restauraram o conceito do *profetismo* universal de todos os crentes. Isso significa que todos os que estão em Cristo têm o potencial de serem porta-vozes de Deus, independentemente de serem usados ou não no dom de profecia. Deus deseja formar comunidades proféticas, assim como Jesus foi cercado por uma.

Ao longo da narrativa bíblica, seja com Moisés e os setenta anciãos (Números 11), na escola de profetas de Samuel (1 Samuel 19), na profecia de Joel (Joel 2), ou nos personagens que cercaram o nascimento de Jesus (Lucas 1—2), observamos gradualmente a formação de uma comunidade de profetas. Esse conceito é fascinante, pois revela o propósito contínuo de Deus em formar um povo que não apenas ouve a sua voz, mas também a comunica ao mundo. Desde o Antigo até o Novo Testamento, um entendimento mais amplo e coletivo da profecia é desenvolvido, algo que culmina no evento de Pentecostes, em Atos 2, quando nasce uma comunidade profética por excelência.

Em Números 11, Moisés, sobrecarregado pelo peso da liderança, expressa o desejo de que todo o povo do Senhor fosse profeta (v. 25), indicando a visão de uma comunidade em que o Espírito de Deus não se limitasse a uns poucos escolhidos, mas fosse compartilhado entre muitos. Ao ordenar que setenta anciãos recebam parte do Espírito que estava sobre Moisés, Deus aponta para uma expansão da experiência profética, criando uma rede de líderes

COMO ENTENDER O DOM DA PROFECIA HOJE?

que compartilham da mesma capacitação divina. Esse evento, embora inicial, já sugere o ideal de uma comunidade mais ampla de profetas.

Na época de Samuel, essa ideia ganha maior profundidade. Com a criação da escola de profetas (1Samuel 10 e 19), surge um grupo estruturado, entre quem o dom profético é cultivado. Essa escola não apenas produzia indivíduos capacitados a transmitir a palavra de Deus, mas também funcionava como um centro de formação para o discernimento e o exercício coletivo do dom. A profecia já não era uma responsabilidade individual, mas começava a se manifestar em um contexto comunitário, com grupos de pessoas dedicadas à escuta e à proclamação da palavra divina.

O livro de Joel realiza uma transição importante ao profetizar um futuro em que o Espírito de Deus seria derramado sobre "toda carne", quando filhos e filhas profetizariam, e os jovens e velhos sonhariam e teriam visões (Joel 2:28-29). Essa promessa amplia de forma ainda mais abrangente a comunidade profética, apontando para um tempo em que o dom da profecia não estaria mais restrito a uma elite sacerdotal ou a profetas isolados, mas seria algo presente em toda a comunidade do povo de Deus.

Nos Evangelhos, especialmente em Lucas 1—2, vemos que a comunidade que cercou o nascimento de Jesus estava profundamente marcada por uma expectativa profética. Isabel, o bebê João Batista, Zacarias, Maria, Simeão, Ana — todos, de alguma forma, participaram de um movimento de revelação profética que preparou o cenário para a chegada do Messias. Aqui, novamente, surge a ideia de uma comunidade unida pela recepção e proclamação da palavra de Deus, apontando para uma nova era de revelação.

Esse padrão culmina em Atos 2, no dia de Pentecostes, quando o Espírito Santo é derramado sobre os discípulos reunidos. A profecia de Joel é cumprida de maneira esplêndida: homens e mulheres, jovens e velhos, todos são capacitados a proclamar as maravilhas de Deus. Nesse momento, a comunidade profética por excelência é formada. Ela não é mais limitada a uma escola, a um grupo de líderes ou a uma geração específica, mas abrange todos os

CONCLUSÃO

que recebem o Espírito de Deus. Assim, a igreja, nascida nesse evento, é essencialmente uma comunidade profética. A profecia se torna uma expressão do sacerdócio universal de todos os crentes (1Pedro 2:9), ou melhor, do profetismo universal de todos os crentes. A voz de Deus ecoa por meio de seu povo, tanto em edificação interna quanto em testemunho ao mundo.

A voz de Deus ecoa por meio de seu povo, tanto em edificação interna quanto em testemunho ao mundo.

O conceito de comunidade profética não se refere a alguns indivíduos com dons extraordinários, mas a um povo capacitado pelo Espírito Santo para discernir e comunicar a vontade de Deus. O dom de profecia, em seu pleno sentido, está sempre conectado a essa dinâmica comunitária, pois a profecia não é dada para o benefício pessoal, mas para a edificação do corpo de Cristo (1Coríntios 14:4). A verdadeira comunidade profética é aquela que, coletivamente, busca ouvir a Deus e, ao mesmo tempo, é formada e transformada pela palavra que Deus continua a revelar em seu meio. Essa visão tem implicações profundas para a igreja contemporânea. Incentivar o dom de profecia em nossos dias não é um simples retorno às práticas do passado, mas uma forma de sermos fiéis ao propósito original de Deus, isto é, ser um povo que, capacitado pelo Espírito, pode discernir, proclamar e viver de acordo com a vontade divina. Assim, o dom de profecia em uma comunidade é um reflexo da presença ativa do Espírito Santo, que guia, consola, encoraja e edifica a igreja, enquanto esta cumpre seu papel de ser luz no mundo.

Muitos cristãos, por medo de abusos, negligenciam esse dom, sugerindo ficar "com a Palavra". Contudo, ser fiel à Palavra implica jamais julgar desimportante aquilo que a Bíblia julga importante. E, sim, na Bíblia, a profecia é muito importante (1Coríntios 14:1). Ao estimular a busca pelo dom de profecia, não estamos promovendo uma fé sem discernimento ou encorajando comportamentos irresponsáveis, mas afirmando a necessidade de sermos uma igreja que se submete ao que a Escritura ensina em sua

COMO ENTENDER O DOM DA PROFECIA HOJE?

totalidade, sem ignorar os elementos que podem nos parecer difíceis ou passíveis de abusos.

A verdadeira resposta aos exageros e falsas profecias não é a negação do dom, mas a busca por uma prática equilibrada, fundamentada no ensino bíblico e em profunda dependência do Espírito Santo. Conforme honramos as Escrituras, devemos também honrar o Deus vivo, que continua a agir no meio de seu povo, orientando e edificando a igreja por meio de dons que ele mesmo estabeleceu para a sua glória e para o nosso bem.

Devemos considerar a profecia como uma espécie de sacramento, palavra que tem dois sentidos. No primeiro, presente na teologia católica, o sacramento é um rito que confere graça divina de maneira objetiva e eficaz, sendo um meio visível pelo qual Deus comunica sua graça invisível aos crentes. Mas há outro sentido: o sacramento como um sinal visível da presença invisível de Deus. Embora essa característica não seja exclusiva da profecia e envolva outros dons miraculosos, a profecia é um sinal marcante da presença de Deus no culto (1Coríntios 14:22). É esse sentido que quero destacar: o sinal visível da presença ativa de Deus.

A nossa tradição protestante, especialmente em sua versão evangélica, nunca viu com bons olhos a busca da presença ativa de Deus. Teólogos e líderes, por vezes, chamaram a atenção para o fato de que, por sermos o povo do Livro, nada mais importa. Isso é um equívoco, uma vez que a própria Bíblia testemunha que a presença ativa de Deus não é apenas compatível com o estudo e a centralidade das Escrituras, mas também é parte integrante da experiência cristã. Desde o Antigo Testamento, Deus se manifesta de forma ativa e direta ao seu povo, e, no Novo Testamento, essa presença é intensificada com a vinda do Espírito Santo, que guia, conforta e revela a verdade (João 16:13). Assim, nossa identidade como o povo do Livro não implica em uma fé teórica ou apenas intelectual.

> **Nossa identidade como o povo do Livro não implica em uma fé teórica ou apenas intelectual.**

CONCLUSÃO

A própria Bíblia constantemente nos encoraja a buscar e a experimentar a presença de Deus de forma pessoal e comunitária. A ênfase no Espírito Santo e nos dons espirituais, como a profecia, revela que a fé cristã é tanto baseada na Palavra escrita quanto em uma relação viva com Deus. Ignorar a presença ativa de Deus é negligenciar uma parte essencial da revelação bíblica e do propósito divino para o seu povo.

Assim, a busca pela presença de Deus não contradiz, mas complementa e aprofunda a fidelidade à Palavra, gerando uma fé viva e transformadora. Nossa vivência cristã deve ser marcada pela caminhada com o Cristo Crucificado, instigada pelo Espírito de Deus e pautada pela Palavra.

Em suma, meu desejo é que, como diz o hino "Espírito de Vida", nosso desejo seja ter o coração pulsando no ritmo do querer de Deus. Que, atentos ao agir do Espírito, respondamos ao chamado de sermos porta-vozes divinos e nos tornemos parte de verdadeiras comunidades proféticas. Amém!

Este livro foi impresso pela Reproset, em 2024, para a Thomas Nelson Brasil. O papel do miolo é pólen bold 70g/m^2, e o da capa é cartão 250g/m^2.